Bernd Kracke (Hrsg.)

Crossmedia-Strategien

Bernd Kracke (Hrsg.)

Crossmedia-Strategien

Dialog über alle Medien

GABLER

Die Deutsche Bibliothek – CIP-Einheitsaufnahme
Ein Titeldatensatz für diese Publikation ist bei
Der Deutschen Bibliothek erhältlich

1. Auflage Oktober 2001

Alle Rechte vorbehalten
© Betriebswirtschaftlicher Verlag Dr. Th. Gabler GmbH, Wiesbaden 2001

Lektorat: Ulrike M. Vetter / Susanne Kramer

Der Gabler Verlag ist ein Unternehmen der Fachverlagsgruppe BertelsmannSpringer.
www.gabler.de

Umschlaggestaltung: Nina Faber de.sign, Wiesbaden
Druck und buchbinderische Verarbeitung: Wilhelm & Adam, Heusenstamm
Gedruckt auf säurefreiem und chlorfrei gebleichtem Papier
Printed in Germany

ISBN 3-409-11780-6

Die neue Buchreihe
„Direktmarketing – Wissen für den Profi"

Das Direktmarketing ist ein kontinuierlich wachsender Wirtschaftszweig mit vielversprechenden Zukunftschancen. In Deutschland fließt mittlerweile über die Hälfte aller Werbeinvestitionen in die direkte Kundenansprache. Durch den Trend zum Customer Relationship Management erhält diese Wachstumsbranche noch zusätzlichen Auftrieb, denn im Zuge der Fokussierung auf Kundenbindungsmaßnahmen hat sich für die Unternehmen der Dialog über alle Kommunikationskanäle zu einem entscheidenden Wettbewerbsfaktor entwickelt. Allein die Effizienz in der Kundenansprache entscheidet heute im Kontext zunehmender Me-too-Produkte über den eigenen Markterfolg. Dies gilt gleichermaßen für Unternehmen, die klassische Direktmarketinginstrumente einsetzen, wie für Firmen, die via Internet den Kontakt zum Kunden suchen. Tatsache ist: One-Medium-Dialoge gehören der Vergangenheit an. Gefragt ist eine integrierte Kommunikation, bei der alle Instrumente crossmedial ineinander greifen. Die Reihe „Direktmarketing – Wissen für den Profi" bietet Anwendern und Neueinsteigern einen umfassenden Überblick über das facettenreiche Kommunikationsinstrumentarium und die differenzierten Einsatzmöglichkeiten.

Mit „CRM im Direktmarketing" und „Crossmedia-Strategien" starteten der Deutsche Direktmarketing Verband (DDV) und der Gabler Verlag eine Buchreihe, die einen wertvollen Beitrag für das Vorankommen des Direktmarketings leisten wird. Weitere Bände sind in Vorbereitung.

Ein derart dynamisches Buchprojekt lebt auch vom Dialog mit seiner Leserschaft. Gerne lassen wir uns daher von Ihren Anregungen zu weiteren spannenden Themenkomplexen inspirieren. (Kontaktadresse: Deutscher Direktmarketing Verband, Hasengartenstraße 14, 65189 Wiesbaden, Tel.: 0611/97 79 30, info@ddv.de)

Die Herausgeber: Holger Albers, Heinz Fischer, Heinrich Holland

Inhalt

6

Crossmedia – Dialog über alle Medien

Bernd Kracke

Die richtige Kommunikationsstrategie und ihre Umsetzung entscheiden über den Erfolg oder Misserfolg von Unternehmen, Produkten und Marken heute mehr denn je. Die Gründe dafür sind vielfältig. Die Bedürfnisse von Verbrauchern und Unternehmen verändern sich rasant. Die Fragmentierung der Zielgruppen schreitet voran. Unternehmens- oder Produktbotschaften drohen immer häufiger in der Informationsflut der Kommunikationsgesellschaft verloren zu gehen.

Das Ziel muss es daher sein, ein direktes Marketing auf der Ebene des einzelnen Kunden zu erreichen – im Extremfall auch ein „Market of One". Der crossmediale Dialog mit dem Kunden, der die zielgerichtete Ansprache und Interaktion über die verschiedensten Medien zur Aufgabe hat, ist eine der Schlüsselkompetenzen, die Unternehmen heute beherrschen müssen, um dieses Ziel zu erreichen.

Der Kunde muss entscheiden

Die Kehrseite der Digitalisierung und Kommunikationsgesellschaft ist die Fülle der Informationen, die täglich die Sinne der Kunden überfluten. Schätzungen zufolge prasseln jährlich mehr als eine Million Werbebotschaften auf den durchschnittlichen Verbraucher nieder. Das sind rund 3.500 täglich! Was wie eine Sensationsmeldung der Boulevardpresse klingt, entpuppt sich jedoch als bittere Folge missverstandener Wahrnehmungs- und Kommunikationsbedürfnisse.

Die Rache des Kunden ist grausam: Die meisten dieser Botschaften lässt er einfach an sich abprallen, nimmt sie nicht mehr wahr oder ignoriert sie. Im schlimmsten Fall empfindet der Kunde die unerwünschten Botschaften als störend und lästig. Je mehr für Werbung ausgegeben wird, so scheint es, umso mehr verfehlt Werbung ihre Wirkung.

Der Ausweg aus dem Teufelskreis liegt in einer bescheidenen Forderung: Lass den Kunden entscheiden, wann, wie und über welche Kanäle er den Dialog mit dem Unternehmen aufnimmt, vertieft oder auch beendet. Dieser von Seth Godin, einem der Pioniere des Internetmarketing, geprägte Ansatz des Permission Marketing transferiert die Initiative des Dialogs vom Unternehmen zum Kunden.

Voraussetzung für diesen One-to-One-Dialog ist die Möglichkeit zur Interaktion. Und gerade darin liegt die Stärke des Direktmarketing. Seit jeher ist es das Wesen des Direktmarketing, den Kunden nicht nur individuell und zielgerichtet anzusprechen, sondern ihm vor allem die Möglichkeit zur Interaktion zu geben und einen messbaren Response zu erzielen.

Die neuen Kanäle

Zu den populärsten und einschneidendsten Entwicklungen in der Kommunikation zwischen Unternehmen und Kunden gehören ohne jeden Zweifel das Internet und der Mobilfunk. Die Herausforderung der neuen Kommunikationskanäle sind ebenso gewaltig wie ihre Chancen. Ausgelöst vom schwindelerregenden technologischen Fortschritt haben sich diese neuen Wege der Kommunikation innerhalb weniger Jahre zu Massenmedien entwickelt.

Bernd Kracke

In Deutschland waren zum Jahreswechsel laut GfK Online-Monitor über 24 Millionen Menschen „drin", um Informationen abzurufen oder sogar Transaktionen zu tätigen. Doch kaum hat sich das Surfen am PC etabliert, hat merklich eine neue Entwicklung begonnen: Das Internet wird mobil. Kunden sind nicht mehr durch den PC oder Festnetztelefone an einen Ort gebunden, sie nehmen ihre Adresse in Form einer Infrarot-Schnittstelle im Handheld oder Mobiltelefonnummer einfach mit. Die zeitlichen und räumlichen Grenzen der Kundenkommunikation sind längst gefallen. Im E-Commerce ist die 24-Stunden-Kundenbeziehung Realität geworden.

Das „mobile Internet" wird die heutigen Möglichkeiten vervielfachen. Mobiltelefone und Handhelds werden zu entscheidenden Navigationshilfen durch stationäre Informations-, Dienstleistungs- und Warenangebote. Der mobile Handel (M-Commerce) steht gerade am Anfang, doch das Potenzial für mobile Anwendungen ist riesig. Nach einer Studie des dänischen Research Center of Bornholm werden bis zum Jahr 2003 siebzig Prozent aller Westeuropäer ein Mobiltelefon besitzen. Welches System sich am Ende durchsetzen wird, UMTS, GPRS (Generalised Packet Radio Service), HSCSD (High Speed Circuit Switched Data) oder gar ein völlig anderes, erscheint dabei nebensächlich. Wesentlich ist, dass die Masse der Kunden in einigen Jahren über mobile Endgeräte zeit- und ortsunabhängig Transaktionen vornehmen kann und wird.

Dialog über alle Kanäle

Doch wie vielversprechend dieser Ausblick in die nahe Zukunft des Direktmarketing auch sein mag, E-Commerce und M-Commerce werden die traditionellen Wege des Handels und die gewohnten Kommunikationskanäle nicht ersetzen, sondern ergänzen.

Die Instrumente des Direktmarketing sind so vielfältig wie die verfügbaren Kommunikationskanäle selbst: adressierte Werbesendungen, Haushaltdirektwerbung, Postwurfsendungen, Anzeigen und Beilagen mit Response-Element zählen ebenso dazu wie aktives und passives Telefonmarketing, Werbung mit Response-Elementen in Funk und Fernsehen, auf Plakaten und Außenwerbung sowie und natürlich auch die elektronischen Medien.

Die Gesamtaufwendungen für Direktmarketing betrugen nach Schätzung des Deutschen Direktmarketing Verbandes im Jahr 2000 über 20 Milliarden Euro. Die Marketingausgaben für Internet, E-Mail, SMS und Co. sind in den letzten Jahren sprunghaft gestiegen. 1999 betrugen die Aufwendungen in Deutschland laut einer Studie der Deutschen Post AG (Direktmarketing Monitor 2000) bereits 1,3 Milliarden Euro. Verglichen mit den Gesamtaufwendungen klingt dies bescheiden, doch Mitte der 90er Jahre lag das Budget der allermeisten Unternehmen noch bei null.

In der Rangliste der Aufwendungen für Direktmarketinginstrumente belegen Anzeigen und Beilagen mit Response-Element, adressierte Werbesendungen (Direct Mailings) und Telefonmarketing die ersten Plätze. Letzterem kommt im Kundendialog eine besondere Bedeutung zu, ist es doch Schnittstelle zwischen traditionellem Direktmarketing und den Instrumenten der New Economy, allen voran das Internet. So vereinen moderne Call-Center Telefon, Fax, E-Mail, direkte Ansprache per Mailing sowie das World Wide Web zu einem Communication Center, das den Kunden intensiv und zielgerichtet betreut.

Die Reichweite der klassischen Direktmarketinginstrumente ist zumindest heute noch höher als die der elektronischen. Über einen Festnetzanschluss, ein Radio und Fernsehgerät und einen Briefkasten verfügt nahezu jeder. Internet und mobile Geräte müssen diese Verbreitung erst noch erreichen.

Bernd Kracke

Crossmediale Kompetenz ist gefragt

Die crossmediale Kompetenz der Unternehmen besteht darin, die Dialogmarketinginstrumente so zu kombinieren, dass der Kunde an verschiedenen Orten und zum gewünschten Zeitpunkt die maßgeschneiderte Unternehmens-, Produkt- oder Markenbotschaft erhält – ob am PC, am Telefon, in der Zeitung, im Briefkasten oder im Fernsehen, oder ob zu Hause, am Arbeitsplatz oder unterwegs.

Die Unternehmen sind jetzt gefordert, die für sie richtige crossmediale Strategie zu entwickeln und entsprechend ihren Kunden und Unternehmenserfordernissen umzusetzen. Doch muss der Ansatz des crossmedialen Dialogs erst verinnerlicht, seine Chancen und Herausforderung erkannt und die Umsetzung in der Praxis beherrscht werden. Dazu will dieses Buch einen Beitrag leisten.

Insbesondere an Beispielen aus der Praxis zeigen die Autoren, wie sich crossmediale Strategien abhängig von Unternehmensziel und Branche in der Praxis umsetzen lassen, welche Probleme sich dabei stellen, aber vor allem wie sich diese lösen lassen.

Die Beiträge

Am Beispiel der Website Golf-Country.de verdeutlicht *Richard Crux* (Deutsche Post AG), wie mit Multikanalstrategien exklusive Zielgruppen erreicht werden. Seine Forderung an den richtigen Mediamix aus On- und Offlinemedien: Die Kommunikationskanäle müssen sich gegenseitig unterstützen und ergänzen.

Die emotionale Bindung im Inter- und Intranet steht nach Auffassung von *Kai Bühler* (plan_b media ag) zwar noch am Anfang. Am Beispiel des „Baby Fred" zeigt er, wie sich schon heute virtuelle 3-D-Charaktere (Avatare) zur Kunden- oder auch Mitarbeiterbindung einsetzen lassen.

Ein System zur Verknüpfung der Offline- mit der Online-Welt stellt *Markus A. Kirner* (ci4.net AG) vor. Mit dem Informations- und Bonussystem card4.net kann der Kunde per Internet oder Mobilfunk detaillierte Informationen zu Produkten abrufen, auf die er über Offline-Medien wie Mailings oder Anzeigen aufmerksam geworden ist.

Im Jahr 2000 wurden allein in Deutschland 15 Milliarden SMS verschickt. *Ingo Lippert* (MindMatics AG) erläutert, wie sich das Medium als attraktive und effiziente Werbeform nutzen lässt. Dazu gibt er Einblicke in die MindMatics 4-P-Strategie (Paid, Polite, Permitted, Profiled).

Torsten Schwarz (Absolit Internet – Marketing & Consulting) erläutert Permission Marketing als Voraussetzung für den Erfolg im crossmedialen Kundendialog. Dabei unterscheidet er zwischen Erfordernissen, die einerseits bei der aktiven Kommunikation (Outbound-Kommunikation) und andererseits bei Dialogangeboten des Kunden (Inbound-Kommunikation) zu beachten sind.

E-Mail gilt heute als Killer-Applikation unter den Instrumenten des Direktmarketing. *Volker Wiewer* (eCircle AG) nennt die Chancen des Massenmediums, neue Zielgruppen zu erschließen.

Peter Schmandt (J-Point AG) wirf einen kritischen Blick auf die Versäumnisse heutiger Online-Werbung. Am Beispiel der Online-Werbeform j-points zeigt er, wie sich die tatsächlichen Stärken des Internets nutzen lassen.

Auch *Dirk Freytag* (Adtech AG) widmet seinen Beitrag dem Thema Werbung im Internet. Seine Einschätzung: Die Frage lautet nicht mehr ob, sondern wieviel Unternehmen für Online-Werbspendings ausgeben sollen.

Jürgen Müller (Bertelsmann AG) gibt Einblick in die crossmedialen Strategien der Neukundenwerbung. Der entscheidende Steuerungsfaktor der Strategien sind strenge Rentabilitätsbetrachtungen. Bei der inhaltlichen Steuerung der crossmedialen Kampagnen setzt das Un-

Bernd Kracke

ternehmen – jenseits des CI-Gedankens – ganz auf den multikulturellen Dialog.

Documents on Demand ist ein Quantensprung in der Bereitstellung von One-to-One-Information. *Petra Lüftner* (ClientValue GmbH) und *Martin Keller* (Keller & Co.) erläutern am m-flex-Projekt, wie Autohäuser ihren Kunden per Knopfdruck den individuellen Pkw-Katalog ausdrucken und anschließend in die Hand drücken können.

Christian Kux (Ponton Intelligent Media GmbH & Co. KG) sieht die Zukunft der One-to-One-Kommunikation vor allem in der Verschmelzung von Internet und Fernsehen. Was das eine Medium auszeichnet und dem anderen fehlt und umgekehrt, wird nach ihrer zukünftigen Konvergenz das „Medium der Medien", das Instrument der Massen-One-to-One-Kommunikation sein.

Nach Ansicht von *Guido Alt* und *Sascha Schulz* (beide caatoosee ag) kann One-to-One-Marketing im Internet nur durch Profile Care funktionieren. Sie zeigen in ihrem Beitrag daher unter anderem, wie sich Kundenprofile gewinnen, pflegen und verwerten lassen.

„Online braucht Offline", so *Martin Wider* (Detterbeck, Wider Werbung GmbH & Co. KG). Im Vergleich von zwei unterschiedlichen Crossmedia-Kampagnen – von Entrium Direct Bankers und Viag Interkom Business – untermauert er diese These.

„Das Ende der Gießkanne" ist beim Expressfrachtdienstleister TNT laut *Markus Wohler* (TNT Holdings Deutschland GmbH) schon erreicht. Im Praxisbeispiel führt er vor, wie der Crossmedia-Mix die verschiedenen Instrumente der externen und internen Unternehmenskommunikation verknüpft.

Ist Crossmedia wirklich neu?
So definieren Experten
„Crossmedia"

Richard Crux, Deutsche Post AG:

Unter Crossmedia-Marketing versteht man die Nutzung von verschiedenen und aufeinander abgestimmten Kommunikationskanälen zur Bewerbung eines Produkts oder einer Dienstleistung. Als Ergänzung zum klassischen Kommunikationsmix werden insbesondere die neuen, elektronischen Medien eingesetzt. Die Werbeträger werden untereinander vernetzt, um ihre spezifischen Stärken optimal zu nutzen. Dabei wird eine einheitliche Werbelinie (CD/CI) genutzt, um einen hohen Wiedererkennungseffekt zu erzielen.

Ingo Lippert, MindMatics AG:

Crossmedia bezeichnet sämtliche plattformübergreifenden Marketingaktivitäten, die dem Kunden ein schlüssiges und durchgängiges Bild des Werbetreibenden vermitteln.

Torsten Schwarz, Absolit Internet-Marketing & Consulting:

Crossmedia bezeichnet das medienneutrale Bereitstellen von Kommunikationsinhalten. Je nach Unternehmensbedarf oder nach Kundenwunsch kann flexibel ausgewählt werden, welche Inhalte anschließend über welchen Kommunikationskanal übermittelt werden. Der Crossmediale Dialog ist die Antwort auf die Kundenforderung, selbst zu bestimmen, welche Inhalte zu welchen Zeitpunkt mit welchem Medium empfangen werden. Dabei gibt es eine Konvergenz zwischen Rundfunk, TV, Print, Internet und Telefon hin zu integriertem Marketing.

Peter Schmandt, J-Point AG:

*Crossmedia bezeichnet den abgestimmten Einsatz von gattungsver-
schiedenen Kommunikationsmitteln mit dem Ziel, die addierte Werbewirkung jeder einzelnen Maßnahme zu übertreffen.*

Jürgen Müller, Bertelsmann AG:

*Crossmedia-Strategien: alle relevanten Medien einbeziehende Kam-
pagnen mit konsequenter Ausrichtung am hybriden Kommunikationsverhalten der Zielgruppe. Optimierung der Verknüpfung und
Gewichtung der Werbemedien.*

Petra Lüftner, ClientValue GmbH:

*Crossmedia ist die optimale Nutzung von Medien im Verbund, mit
dem Ziel, den Rezipienten in seiner Medienwelt individuell anzusprechen.*

Sascha Schulz, caatoosee ag:

*In der künftigen Generation der medienübergreifenden (Crossme-
dia-) Kommunikation spielt das Medium selbst nur eine untergeord-
nete Rolle. Entscheidend ist die Funktionalität. Sie wird in zunehmendem Maße durch Web Services und vergleichbare Lösungen
bestimmt.*

Crossmedia-Marketing – Kommunikation auf allen Kanälen

Richard Crux

Crossmedia und Multikanalstrategien

Ein neues Modewort und damit ein neuer Trend scheint sich in der Kommunikationsbranche zu etablieren – „Crossmedia-Marketing".

Dieser scheinbar neue Begriff und die damit verbundenen Strategien werden insbesondere immer dann verwendet, wenn es um die Entwicklung von so genannten Multikanalstrategien geht. Was damit gemeint ist, zeigt die folgende Definition:

Unter Crossmedia-Marketing versteht man die Nutzung von verschiedenen und aufeinander abgestimmten Kommunikationskanälen zur Bewerbung eines Produkts oder einer Dienstleistung. Als Ergänzung zum klassischen Kommunikationsmix werden insbesondere die neuen, elektronischen Medien eingesetzt. Die Werbeträger werden untereinander vernetzt, um ihre spezifischen Stärken optimal zu nutzen. Dabei wird eine einheitliche Werbelinie (CD/CI) genutzt, um einen hohen Wiedererkennungseffekt zu erzielen.

Der Einsatz des so genannten Crossmedia-Publishing geht dabei einher mit einer sinnvollen crossmedialen Marketingsstrategie. Texte und Bilder werden nur einmal erfasst und dem Medium entsprechend eingesetzt. Durch Verknüpfung der elektronischen Medien (z. B. Internet oder CD-ROM) mit den Printmedien wird der Erfassungsaufwand und die Datenpflege reduziert und gleichzeitig eine konsistente Datenhaltung erzielt.

Die Verknüpfung der Kanäle – branchenübergreifende Notwendigkeit?

Schneller, größer, besser – das Internet thront scheinbar über den klassischen Werbemedien. Längst gibt es Visionen, die dem WWW die Zukunft und den althergebrachten Formen des Kundendialogs den Untergang voraussagen. Doch der Schein trügt. Nachdem sich die Wogen der ersten Euphorie um die neuen Medien geglättet haben, kehrt zunehmend Ernüchterung und die Erkenntnis ein, dass es nur gemeinsam geht. *Kommunikationskanäle müssen sich gegenseitig unterstützen und ergänzen; Mehrwertnutzen ist das Gebot für den Kundendialog der Zukunft.*

Der moderne Kunde ist Internet-affin. Er sucht aber auch gezielt die Medien aus, die seinen Bedürfnissen gerade am Besten entsprechen. Fernsehen, Zeitungen, Bücher, Kino oder das Mailing per Post spielen in seiner Informationswelt eine ebenso große Rolle. Eine repräsentative Emnid-Studie untermauert diese These. Erstmalig wurde das Medienverhalten von 1.000 Internet-Usern und Nicht-Usern verglichen. Das Ergebnis zeigt den Trend: Der typische Nutzer des World Wide Web in Deutschland geht öfter ins Kino, sieht geringfügig weniger TV, liest dafür aber mehr als der Nicht-Surfer. Das Internet führt also nicht zu einer ausschließlichen Fokussierung auf dieses neue Medium. Im Gegenteil: Kunden nutzen alle angebotenen Kanäle, allerdings wählen sie je nach Bedarf gezielter aus dem breiten Angebot der Informationsträger aus. Sie werden sich also künftig öfter überlegen, welches Kommunikationsmedium sie für welchen Zweck nutzen.

Für die Unternehmen bedeutet dieses veränderte Verbraucherverhalten, dass sie ihre Kommunikationsaktivitäten nicht nur auf einen Kanal konzentrieren dürfen. Vielmehr muss die Kommunikationsstrategie der Unternehmen alle relevanten Kanäle berücksichtigen, um mit den Kunden in einen Dialog treten zu können.

Wer also alles daran setzt, beispielsweise einen interessanten Internetauftritt zu gestalten, um darüber seine Produkte und Dienstleistungen ausschließlich zu vermarkten und dabei andere Dialogkanäle vernachlässigt, wird folglich wenig Erfolg haben. Ein Firmenauftritt sowie ein Produktangebot im Internet muss vielmehr in die Gesamtkommunikation des Unternehmens sinnvoll eingebettet werden, um dem Kunden eine einfachen und nach seinen Bedürfnissen adäquaten Weg zur Kontaktaufnahme zu ermöglichen. Dies gilt für alle Branchen.

Crossmedia-Marketing ist somit das Stichwort – die intelligente Verknüpfung unterschiedlichster Medien mit dem Ziel, den Dialog mit den Verbrauchern sowohl in der Interessenten – als auch in der Kundenkommunikation durch das breitere Spektrum an Kanälen zu optimieren.

Charakteristik der Multikanäle oder:
Der Weg ist das Ziel

Der Erfolg im Dialog mit Kunden und Interessenten resultiert aus einem zielgruppengerechten Media-Mix. Durch die Auswahl von verschiedenen Medien können somit Synergiepotenziale in der Werbeplanung genutzt werden, um das gemeinsame Werbeziel effektiv zu erreichen und die Zielgruppe über mehrere Kanäle anzusprechen. Der Einsatz der einzelnen Medien muss entsprechend koordiniert werden, damit die Schnittstellen ineinander greifen können. Ein einheitliches CD/CI ist dabei die Basis, um einen hohen Wiedererkennungseffekt zu erzielen.

Beispiel: Ein Reiseunternehmen verschickt ein Mailing und bietet den Interessenten die Möglichkeit über Antwortbrief, -karte oder Fax zu reagieren. Gleichzeitig schaltet das Unternehmen an einer stark frequentierten Stelle im Internet (z. B. Providerportal oder häufig genutzte Webseite wie etwa www.eVITA.de) ein mit der Homepage verlinktes Werbe-Banner. Das Mailing soll das Angebot bei der Zielgruppe bekannt machen, Interesse wecken und zur Reaktion animieren. Neben den klassischen Responsemechanismen wird die Internetadresse als zweiter Response-Kanal zum Unternehmen im Brief auffällig präsentiert.

Zahlreiche Interessenten werden wahrscheinlich auf das Mailing mit den klassischen Responsemedien reagieren. Je nach Zielgruppe wird ein Teil der Reaktionen voraussichtlich über die kommunizierte Internetadresse erfolgen. Die Empfänger, die über das Mailing nicht zur Reaktion animiert werden können, werden möglicherweise durch das im Internet geschaltete Werbebanner auf das Leistungsangebot des Reiseunternehmens aufmerksam gemacht und die Homepage besuchen. Letzteres Reaktionsverhalten könnte beispielsweise daran liegen, dass diese Zielgruppe eher zum Internet als Informations- und Kommunikationsmedium tendiert. Durch die sinnvolle Vernetzung der beiden Kommunikationskanäle kann kein potenzieller Kunde verloren gehen.

Um das gesamte Potenzial ausschöpfen zu können, sollten sich die im Internet geschalteten Anzeigen inhaltlich und gestalterisch auf das Mailing beziehen. Je häufiger die Zielpersonen mit dem Angebot (über Mailing, Internet etc.) in Kontakt kommen, desto größer ist die Wahrscheinlichkeit, dass sie sich mit dem Angebot auseinandersetzen und reagieren. Die Internetwerbung dient in diesem Fall der Erinnerung und der konkreten, gezielten Informationssuche.

Auch andere Medien könnten Türöffner für interaktive Handlungsmöglichkeiten im Internet sein und sind in einem solchen Zusammenspiel denkbar. Etwa das Fernsehen, Rundfunk, Kino oder die klassische Anzeige mit Responsemöglichkeit in einem Printmedium.

Richard Crux

Der Nutzung eines solchen crossmedialen Dialogs liegt für ein Unternehmen neben der Steigerung der Bekanntheit in der Gewinnung von qualifizierten Kundendaten sowie im konkreten Abverkauf der angebotenen Leistungen. Obwohl mehrere Medien gleichzeitig eingesetzt werden, lässt sich genau ermitteln, welcher Kunde auf welches Werbemittel im Rahmen des Dialogs reagiert hat und welche Kosten für die Gewinnung eines Interessenten/Kunden angefallen sind.

Ob die zukünftige Ansprache über einen besonderen Kanal erfolgt, muss jedoch sehr genau geprüft werden. So kann es durchaus sein, dass manche Kunden (sofern ihr Einverständnis vorliegt) beispielsweise lieber über das Internet über neue Produktangebote informiert werden möchten, anstatt ein Mailing zu erhalten. Die individuelle Ansprache des Kunden über den Kanal, den er bevorzugt, fördert die Bindung an das Unternehmen.

Der Aufwand für die mediengerechte Aufbereitung von Informationen ist teilweise enorm hoch. Wenn nun bestimmte Informationen in mehr als einem Medium präsentiert werden sollen, ist es wichtig, die Kosten für die Entwicklung dieser Botschaft zu minimieren. Damit Synergien im crossmedialen Dialog genutzt werden können, müssen gewisse Informationen mehrfach genutzt werden. So können etwa für die Präsentation eines neuen Produkts im Internet dieselben Texte, Logos und Bilder verwendet werden, wie für den gedruckten Werbeprospekt und das Kunden-Mailing per Post. Unabhängig vom Ausgabemedium kann dabei auf den gleichen Bestand an digitalen Texten, Bildern, Grafiken etc. zurückgegriffen werden. Werden also die Informationen im „Rohzustand" vorgehalten, lassen sie sich immer neu kombinieren und dann dem Ausgabemedium entsprechend aufarbeiten. Dieses Zusammenwirken der verschiedenen Informationen und Medien ist wichtige Grundlage für Crossmedia-Marketing.

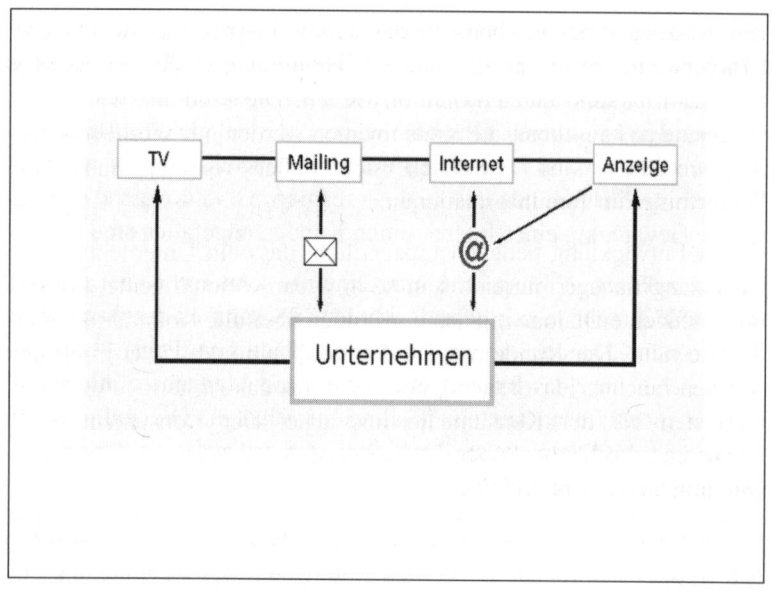

Abbildung 1:   Crossmedia-Marketing

Bedeutung des multimedialen Dialogs

Die Nutzung verschiedener Kommunikationsinstrumente/-kanäle zur
Neukundengewinnung sowie zur Kundenbindung wird wichtiger
denn je. Zu Beginn des 21. Jahrhunderts ist das Phänomen der Individualisierung in nahezu allen Lebensbereichen vermehrt festzustel-
len. Die Bindung an eine Marke oder an ein Produkt wird immer
schwieriger und aufwendiger, der Aufbau einer langfristigen und
dauerhaften Geschäftsbeziehung – und damit der Erfolg eines Unternehmens – gelingt nur dann, wenn sich das Angebot des Unternehmens an den Bedürfnissen der Zielgruppe orientiert. Die Kunden sind
kritischer denn je und wollen nur solche Produkte konsumieren, die
ihren Vorstellungen entsprechen.

Richard Crux

In fast allen Branchen herrscht ein starker Verdrängungswettbewerb (Hyperwettbewerb) und die neuen Technologien verändern die klassischen Einkaufs- und Produktionswelten. Die Produkte werden zunehmend austauschbar, die Konsumenten werden mit Werbebotschaften überflutet und wünschen sich daher weniger und dafür bedürfnisgerechtere Informationen.

Diese Entwicklung bedeutet letztendlich, dass ein Unternehmen nur dann langfristig erfolgreich sein kann, wenn es intelligente, kreative und effiziente Dialoge mit seinen Kunden über alle Kommunikationskanäle führt. Der Kunde entscheidet, von wem und wie er informiert werden möchte. Für die Unternehmen führt das zu geringeren Streuverlusten bei der Konsumentenansprache. Der Konsument erhält nicht mehr schlicht Werbung, sondern Informationen mit hohem persönlichen Nutzwert.

Um ein wirkungsvolles Crossmedia-Marketing für ein Unternehmen entwickeln zu können, müssen verschiedenste Medien eingesetzt werden. Gerade wer beim Dialog das Internet einbezieht sollte gleichzeitig Kanäle wie etwa den Mailingversand dem modernen Image des WWW anpassen. Innovative Lösungen bietet das etwa das Produkt „Infopost Kreativ" der Deutschen Post. Es gibt Werbetreibenden die Möglichkeit, das Mailing genau auf die Zielgruppe und das eigene Produkt oder Unternehmen zuzuschneiden. Das Fitnesscenter kann Werbesendungen in Form eines Sportschuhs verschicken, der Florist gestaltet sein Mailing wie einen Blumenstrauß. Der kreative Ansatz und das schnelle Medium Internet werden – etwa durch Verweis auf die Webseite im Brief oder die Responsemöglichkeit via E-Mail – so zu einem in sich stimmigen und sich ergänzenden Dialog. Wichtig ist, dass keines der eingesetzten Medien gegen das andere qualitativ abfällt. Jeder Informationsträger muss auf seine Weise mit seinem Mehrwert überzeugen und animieren.

Auch wenn neue Medien neue Kommunikationswege eröffnen bedeutet das nicht, dass die Basis für den erfolgreichen Dialog völlig neu überdacht werden muss. Die Grundlagen erfolgreichen Direktmarketings wie etwa die Adressqualifizierung durch die Deutsche

Post Direkt oder die Gestaltung der Dialoginstrumente gelten nach wie vor und sind die notwendige Voraussetzung für den Aufbau von funktionierenden Multikanalstrategien.

Die Praxis der Multikanäle

Dass die Kunden-Kommunikation heute nur noch über mehrere Kanäle gleichzeitig erfolgreich ist, haben vor allem Unternehmen erkannt, die das Internet als „Shop-Marktplatz" für den Verkauf ihrer Produkte nutzen. Ein gutes Beispiel hierfür ist die Hamiltons golf-country.de AG. Mit Golfzubehör lockt der Shop ins Internet. Für Kundenakquise und -bindung werden aber auch gleichzeitig die Kanäle Mailing und Anzeigeschaltung eingesetzt.

Tolles Produktangebot, hervorragendes Design: Internet-Shops können noch so gut gestaltet sein, wenn die Zielgruppe sie nicht kennt, nützt das alles wenig. Direktmarketing kann beispielsweise helfen, die Bekanntheit von E-Commerce-Unternehmen durch die Nutzung verschiedener Kommunikationskanäle zu steigern. Die Hamiltons golf-country.de AG hat mit einem Mix aus Mailingaktionen, Anzeigen, Bannerwerbung, Telefonberatung und Database Management Erfolg. Über www.golf-country.de gelangen Freunde der exklusiven Sportart in Europas größtes Internet-Kaufhaus für Golfausrüstung. Das Angebot umfasst Schläger, Bälle, Bags, Bekleidung und vieles mehr; insgesamt bietet Hamiltons rund 30.000 Artikel online an.

Alle Marketing- und Vertriebsaktivitäten werden von der Unternehmenszentrale gesteuert. Die Versand- und Lagerlogistik übernehmen zwei Dienstleister. Das Unternehmen hat sich zum Ziel gesetzt, den deutschen Golfmarkt zu erobern. In Deutschland gibt es zur Zeit etwa 350.000 Menschen die Golf spielen. Diese geben etwa 175 Millionen Euro pro Jahr für ihre Ausrüstung aus. Europaweit gibt es 3,2 Millionen Hobby-Golfer, die insgesamt 750 Millionen Euro in Ausrüstung und Accessoires investieren. Das mittelfristige Ziel ist, alle 350.000

Richard Crux

deutschen Golfhaushalte – meistens sind mehrere Familienmitglieder aktiv – kennenzulernen. Der Grundstein dafür ist eine moderne Database, in der alle Daten von Kunden und Interessenten erfasst und ausgewertet werden. Sie ist Grundlage, um die verschiedenen Marketing-Kanäle crossmedial zu bedienen. Bis jetzt umfasst die Software knapp 100.000 Haushalte. Die Restzielgruppe von 250.000 Haushalten soll über Bannerwerbung und Anzeigen erreicht werden. Ein besonderer Kommunikationskanal ist etwa die exklusive Bannerwerbung von Hamiltons auf der Homepage des Deutschen Golfverbandes (DGV) – das sind täglich bis zu 4.000 Kontaktchancen.

Anzeigenwerbung mit Produkten von Hamiltons erscheint regelmäßig in den großen Fachzeitschriften. Auch hier ist der Wiedererkennungswert hoch. Viel wichtiger aber sind die Mailings. Mit ihnen wird die Lücke geschlossen, die mit Anzeigen nicht erreicht werden kann. Über diesen zusätzlich aktivierten Kanal gelangen die Interessenten durch Nennung der Internetadresse auf die Homepage des Unternehmens. Und die Gruppe derjenigen, die die Anzeigenwerbung nicht erreicht, ist nicht gerade klein. Laut einer bundesweiten Untersuchung hatten 70 Prozent von knapp 1.000 befragten Golfer in den zurückliegenden vier Wochen keine Golfzeitschrift gekauft oder abonniert. Dies zeigt die Bedeutung des Mailing-Kanals im Rahmen der Kommunikationsstrategie.

Sechsmal pro Jahr verschickt das Unternehmen einen Folder mit attraktiven Angeboten an seine Kunden und Interessenten. Die Zielgruppe wird genau selektiert, so dass das Angebot nur die Personen erreicht, die hierfür einen entsprechenden Bedarf haben.

Wer sich für Golfausrüstung von Hamiltons interessiert, kann sich vor dem Bestellen telefonisch beraten lassen. In der Osnabrücker Zentrale stehen zwei Golfprofis aus England und Irland Rede und Antwort. Der Kommunikationskanal Mailing ist vor allem ein Türöffner für jene, die produktinteressiert sind, gleichzeitig aber auch eine hohe Internetaffinität haben. Als nächstes richtet Hamiltons Service Center in zwei weiteren Ländern ein: in Schweden und im „Urland" des Golfsports, Großbritannien. Auch hier soll Direktmarketing als Antrieb und Ergänzung der Internet-Aktivitäten dienen.

Abbildung 2:   Screenshot www.golf-country.de

Wie bereits zu Beginn erwähnt, geht der Einsatz des so genannten Crossmedia-Publishing einher mit sinnvollen crossmedialen Marketingstrategien. Ein gutes Beispiel ist hierfür das onlinebasierende Produkt „Mailingfactory" der Deutschen Post. Es ermöglicht eine einfache und zugleich professionelle Realisierung von Mailings im Internet. Alle Dienstleistungen vom Digitaldruck bis zur Zustellung der Werbebotschaft in den Briefkasten des Empfängers fließen dabei aus einer Hand. Die Mailingfactory lässt sich für jede Art der schriftlichen Kommunikation mit dem Kunden nutzen. Text- und Gestaltungsvorschläge findet der Nutzer in der Online-Anwendung in breiter Auswahl.

Ein wichtiger Vorteil ist dabei, dass etwa Bilder von der Homepage des Werbetreibenden in einem JPEG-Format einfach für die Erstellung des Werbebriefs verwendet werden können. Auch die Basis für Multikanalstrategien lässt sich durch die Mailingfactory aktivieren. So lassen sich Adressen online beziehen und direkt für die Marke-

Richard Crux

tingaktivitäten verwenden. Entscheidend ist jedoch, dass Mailings direkt vom Arbeitsplatz mit Zugriff auf die eigenen dafür notwendigen Datenbanken erstellt werden können, egal ob 100 oder 10.000 Sendungen geplant sind. Die Koordination der notwendigen Dienstleister, beispielsweise für den Druck, übernimmt die Deutsche Post. Dank der Internetplattform ist der Anwender ortsunabhängig und hat rund um die Uhr Zugriff. Informationen gibt es unter www.mailingfactory.de.

Um die verschiedenen Kommunikations- und Dialogkanäle effektiv zu nutzen, sollten genaue Strategiemodelle entwickelt werden. Gerade die Zeitpunkte für die Nutzung der jeweiligen Medien müssen strategisch aufeinander abgestimmt sein und genau ineinander übergreifen, um exakt Synergien zu nutzen. Vielfach ist hier ein verlässlicher Dienstleister eine gute Hilfe. Gerade im E-Commerce-Bereich ist solche Unterstützung gefragt, um ein Produkt nicht nur virtuell, sondern auch real zu erleben. Die Deutsche Post bietet zahlreiche Ansätze, um durch den Dialog auf allen Kanälen dem Business zum Erfolg zu verhelfen. Ein Beispiel ist ihr Shopping-Portal eVITA. 150 Shop-Partner bieten hier Waren unterschiedlichster Art an. Gerade die große Gruppe der Konsumenten, die zwar einen Zugang zum Netz hat, aber bislang noch nicht zum Einkaufsbummel durchs Web gesurft ist, lassen sich über den Kanal „Mailing" für das Online-Angebot gewinnen. Über die Post-Tochter Merkur kann sich der Internethändler qualifizierte Adressen potenzieller Kunden beschaffen, beispielsweise Konsumenten mit hoher Produktaffinität und Zugang zum Web. Die Geschäfts- und Verbraucheranschriften sind nach statistischen sozialdemografischen Merkmalen selektierbar. Die Merkur-Datenbank enthält fast 5 Millionen Business-Adressen und mehr als 34 Millionen Consumer-Anschriften.

Mit diesem Rüstzeug ausgestattet, kann der Internethändler seinen Mailing-Kanal aktivieren. Zeitgleich befindet sich der Shopbetreiber bei eVITA in der Community eines Portals. Das bedeutet, dass seine Zielgruppe auch über Marketing- und Werbeaktionen dieses Portals

angesprochen wird. Das geschieht bei eVITA über Kanäle wie beispielsweise TV, Plakat- oder Anzeigenwerbung sowie Mailings.

Abbildung 3:   Screenshot eVita

Ist der potenzielle Neukunde durch die Multikanalansprache auf den
Shop aufmerksam geworden, möchte er unter Umständen ein Produkt
nicht nur auf dem Monitor sehen, sondern es auch einmal ausprobie-
ren, es erleben. Hier hilft beispielsweise der Sample-Service der
Deutschen Post, um den Konsumenten mit einer Warenprobe so richtig auf den Geschmack zu bringen. Auch hier wird neben dem Kanal
Internet der Mehrwert des Mailings sinnvoll genutzt: die Haptik. Das
Grundkonzept dieses Services ist einfach: Fünf Dienstleister werden
hierbei für den Produktanbieter aktiv. Der Internethändler bekommt
damit alle Services entlang der Wertschöpfungskette für Warenproben aus einer Hand – vom Adressmanagement über den Versand bis
zur Responsebearbeitung. Die Umsetzung der Sampling-Aktion erfolgt in mehreren Schritten. Die erste Phase ist die Beratung von
einem festen Ansprechpartner der Deutschen Post. Das Key Account
Management findet die individuelle Lösung für jeden Kundenwunsch, egal, ob das Produkt gelaunt, relaunt oder bekannt ge-

macht werden soll. Danach folgt das Adressmanagement. Die Deutsche Post Direkt verifiziert im Vorfeld durch einen Adressabgleich mit der Postreferenz-Datei die Adressdateien des Kunden auf. Binnen 24 Stunden stehen die Adressen korrigiert zur Verfügung. Als nächstes stellt der Kooperationspartner Klöckner Pentapack die Warenproben her und verpackt sie. Oft sind die Samples Miniaturausführungen des Original-Produkts. Von Klöckner gelangen die Proben in die Versandvorbereitung der Posttochter Merkur Direktwerbegesellschaft. Dort werden die Samples konfektioniert, adressiert, etikettiert und verpackt. Verteilt werden die fertigen Sendungen dann über die Produktvarianten Infopost, Postwurfsendung oder Postwurf Spezial der Deutschen Post und gelangen so zum Konsumenten.

Das Beispiel zeigt zudem die Notwendigkeit der Unterstützung durch einen Dienstleister, um sich bei der Aktivierung der einzelnen Kanäle für Crossmedia nicht zu verzetteln und neben der Kommunikation nicht den Blick für das Kerngeschäft zu verlieren.

Die Rolle des Mailings in Multikanalstrategien

Auch wenn moderne Medien wie das Internet oder das Fernsehen wichtige Funktionen im Multikanaldialog darstellen, bildet das klassische Direktmarketing via Mailing immer noch eine wesentliche Säule im Medien-Mix. Werbebriefe versprechen einen hohen Response – auch für die Verkaufskanäle von morgen. Zwar hat die elektronische Post dem Brief einiges an Schnelligkeit voraus, jedoch hat sie mit einem ganz anderen Problem zu kämpfen: dem kommunikativen Overkill. Statt nützlicher Nachrichten verstopft schnell Informationsmüll den Briefkasten eines Anwenders. So landen dann auch wichtige News ungelesen in den virtuellen Papierkorb. Nicht zu vergessen ist in diesem Zusammenhang der rechtliche Aspekt von so genannten E-Mail-Mailings. Sie können nur dann zielgerichtet eingesetzt werden, wenn der Adressat im vorhinein sein schriftliches Einverständnis erteilt hat, dass er mit E-Mails über neue Angebote informiert werden möchte. Diese rechtliche Einschränkung verdeutlicht, dass das klassische Mailing aus dem Kommunikations-Mix nicht wegzudenken ist. Daher fällt ihm in Multikanalstrategien eine tragende Rolle zu.

Abbildung 4: Mailings via Internet

Jedes Unternehmen, das beispielsweise einen Shop im Internet betreibt, muss sich die Frage stellen, wie der Kontakt zu den Kunden hergestellt und aufrechterhalten wird. Hier kommt der Werbebrief als Lösung ins Spiel. Während jedes Internetangebot darauf angewiesen ist, dass sich der Nutzer aktiv entscheidet, die Seiten aufzurufen, erhält er das Mailing, ohne dafür etwas tun zu müssen. Der erste Schritt zum Kontakt geht also vom Unternehmen aus.

Nehmen wir als Beispiel den Katalog. Für viele Konsumenten ist es angenehmer, entspannt in einem Katalog zu blättern, als sich vor einen Monitor zu setzen und in den unendlichen Weiten des Internets nach entsprechenden Angeboten zu suchen und sich dann durch Webseiten zu scrollen. Daher ist der auf dem Postweg zugestellte Katalog ein idealer Einstieg in eine Kundenbeziehung. Hier sollten dem Kunden die verschiedenen Kanäle (etwa Telefon, Fax, Internet-

Richard Crux

adresse) für seinen Einkauf angeboten werden. Im Katalog kann auf die Vorzüge des Online-Shops eingegangen und der Leser dadurch animiert werden, diesen Kanal für sich zu aktivieren. Daneben kann die Möglichkeit der telefonischen Order oder die Bestellung per Post die Kontaktkanäle ergänzen. Je mehr Möglichkeiten dem Konsumenten beim Erstkontakt geboten werden, desto stärker findet er sich mit seinen ganz persönlichen Einkaufsgewohnheiten beim Verkäufer wieder. Er fühlt sich gut aufgehoben und bewertet die verschiedenen Kanäle, die er nach Lust und Laune auswählen kann, als positiv. Unabhängig davon, welchen Zugang zum Unternehmen der Kunde wählt, eins ist elementar für alle Kommunikationswege: Die Sorgfalt, mit der er bedient wird, muss immer gleich bleiben. Ganz egal, ob Online oder Offline gekauft wird. Denn einmal enttäuscht, wird der Konsument dem Unternehmen den Rücken kehren und seine schlechten Erfahrungen an Freunde und Verwandte weitergeben.

Besonders durch die Studie der Deutschen Post „Filter und Verstärker im Online-Dialog" wird deutlich, wie wichtig die Nutzung der spezifischen Vorteile der jeweiligen Kommunikationskanäle ist. Im Online-Dialog stößt das Angebot im Gegensatz zum Mailing auf das explizite Interesse des Nutzers, weil dieser die Webseite aktiv aufgerufen hat. Die Berücksichtigung von grundsätzlichen Gestaltungsregeln wie beispielsweise Übersichtlichkeit, Angebotsrelevanz, Erwartungserfüllung beim Nutzer verschafft Webseiten-Betreibern gute Chancen auf hohe Erfolgsquoten. Viele der Regeln für den klassischen Werbebrief sind hier übertragbar.

Das Online-Angebot birgt aber auch Risiken, die der bewährte Werbebrief nicht kennt: Der Weg von der Bedarfsweckung hin zum endgültigen Kauf eines Produkts ist wesentlich komplexer. Häufig genug wird der Internet-User nämlich durch eine wenig bedienungsfreundliche und kaum nutzenorientierte Struktur beim geplanten Kauf behindert. Im Schnitt konnten 15 Prozent der Probanden im Rahmen der Studie eine ihnen vorgegebene Bestellaufgabe in einem Online-Shop nicht lösen. Die untersuchten Bestellformulare waren zwar gut lesbar und leicht auszufüllen, jeder vierte Internet-User hat allerdings Probleme, das Formular zu finden und 40 Prozent benutzen es aufgrund von Sicherheitsvorbehalten nicht gern.

Damit bestätigt die Studie die Eingangs aufgestellte These, dass ein Internetangebot durch zusätzliche Informationen und multimediale Handlungsmöglichkeiten die klassische Kundenansprache durch das Mailing sinnvoll ergänzen, aber nicht ersetzen kann.

Alle aus diesen Online- und Offlineaktivitäten gewonnen Kundendaten sollten in einer Datenbank gebündelt werden, um einen guten Überblick über die Gesamtstruktur sowie die bevorzugten Kanäle der Konsumenten zu bekommen. Mit jeder neuen Information wird die Datenbank „wertvoller" und kann mit der Zeit immer besser für zielgenauen Dialog eingesetzt werden.

Zusammenfassung und visionärer Ausblick

Künftig werden durch weitere neue Medien noch zusätzliche Kommunikationskanäle entstehen. Die Ablösung bisheriger Dialogformen bedeutet das jedoch nicht, denn einen Allround-Kanal gibt es nicht. Jeder Weg zum Kunden hat seinen speziellen Mehrwert. Durchdachten Multikanalstrategien gehört also die Zukunft. Die gestiegene Zahl der Wege zum Kunden kann bei strategisch geschickter Nutzung zu einer noch engeren Bindung zwischen Anbieter und Nachfrager werden. Zu beachten ist dabei aber vor allem, dass dem crossmedialen Dialog eine genaue Kostenplanung und -kontrolle begleiten sollte, denn die Nutzung moderner Medien kann sehr schnell die ursprünglichen Werbebudgets in die Höhe treiben. Daher ist der Medien-Mix mit großer Sorgfalt zu planen. Wichtig sind auch starke und verlässliche Partner, damit der Fokus des Verkäufers weiterhin auf seinem Kerngeschäft liegen kann. Die richtige Strategie kann das Zusammenspiel zwischen klassischen und neuen Medien zu einem starken Erfolgsrezept machen.

Richard Crux

Interaktive 3D-Charaktere im Crossmedia-Einsatz: Das Beispiel „Baby Fred" bei Genie Internet

Kai Bühler

Entstehung neuer kommunikativer Formate und Inhalte

Entwicklungen in Technologie und Gestaltung haben in den letzten Monaten neuartige Kommunikations- und Brandingmöglichkeiten im Internet hervorgebracht. Interaktive und audio-visuelle 3D-Elemente garantieren heute hohe Aufmerksamkeitswerte und lange Verweildauern von Nutzern. Erste Studien belegen, dass durch den Einsatz von interaktiven 3D-Charakteren im Internet signifikant höhere Verweildauern und Wiederkehrraten erzielt werden. So konnten auf den Webseiten von Genie Internet, einer Tochter der British Telecom, durch den Einsatz eines virtuellen 3D-Charakters, Baby Fred, die Zahl der Besuche und der Seitenaufrufe in den ersten Wochen nach seinem Online-Start im Mai 2001 um mehr als 50 Prozent erhöht werden.[1] Es wird deutlich, dass Unternehmen hiermit über ein innovatives Kommunikationstool verfügen können, um Kunden zu binden und zu halten.

Angesichts dieser Chancen und Möglichkeiten erstaunt es umso mehr, dass in Vortragsreihen und Veröffentlichungen über den Marketing-Einsatz virtueller Charaktere im Off- und Online-Bereich noch kein klares Bild vorzufinden ist.[2] Und auch der Einsatz für Unternehmen und Organisationen auf Events, im TV oder auf Webseiten als repräsentativer Verkäufer, Berater, Moderator oder Nachrichtensprecher bleibt bislang eine Ausnahmeerscheinung.[3] Dies ist marketingpolitisch umso bedenklicher, als virtuelle Charaktere in den Medien immer mehr an Bedeutung gewinnen und sich Unternehmen damit wertvolle Chancen der Kundenansprache vergeben.[4]

Im Folgenden soll daher ein kurzer Überblick über den Themenkomplex der virtuellen 3D-Charaktere, ihr Crossmedia-Potenzial und ihre erfolgreiche Einbettung in die Marketing-Strategie eines Unternehmens am Beispiel von Genie Internet mit Baby Fred aufgezeigt werden.

Anwendung und Crossmedia-Einsatz von 3D-Charakteren

Definition und Einsatzfelder interaktiver 3D-Charaktere

In der heutigen Medienlandschaft fällt – wenn von virtuellen 3D-Charakteren gesprochen wird – häufig der Begriff „Avatare". Historisch betrachtet stammt das Wort „Avatar" ursprünglich aus dem Hinduismus und bezeichnet eine Gottheit, die sich eine Zeitlang auf die Erde herabgelassen hat.[5] Um den Umgang mit den Begrifflichkeiten zu erleichtern, werden im Folgenden Begriffe wie Avatare, imigos , Bots u. ä. mit virtuellen, interaktiven 3D-Charakteren gleichgesetzt. Gemeint sind damit in verschiedenen Medien einsetzbare virtuelle Figuren, die sowohl autonome als auch durch menschliche Hilfe ermöglichte Verhaltensweisen darstellen können.

Kai Bühler

Einsatz im Internet

Die Anwendungsfelder dieser Figuren haben sich im Zuge der technologischen Entwicklung der letzten Jahre kontinuierlich erweitert. Insbesondere durch neue Soft- und Hardware-Lösungen konnte der Weg im Internet für den Einsatz von virtuellen 3D-Figuren geebnet werden. Als zum Leben erweckte Maskottchen, etablierte Comic-Figuren, Markenrepräsentanten, Moderatoren oder virtuelle Lern-Assistenten stellen sie eine innovative Form der Konsumentenansprache dar. Im Internet selbst kommen den interaktiven Charakteren verschiedene Funktionen zu, aus denen sich ihre Form und Jobbezeichnung ergibt. Solche Funktionen von 3D-Charakteren im Internet können sein:

Unterhalten (walk): Ein individueller Markenrepräsentant stellt Web-Seiten in einem webwalk vor. So können über den Avatar gezielt Informationen vermittelt und zum Internet-Benutzer eine emotionale Beziehung aufgebaut werden. Zu bestimmten Web-Inhalten (z. B. zu Kundenregistrierungen, Produktvorstellungen, Nachrichten, Börsengang etc.) werden charakterbasierte webwalks konzipiert. Dabei stellt die Figur in einem dramaturgisch gestalteten webwalk™ die besten Internet-Seiten zu einem Themenkomplex vor und kommentiert sie. Gerade bei Online-Firmen und Portalen, deren Internetseiten angesichts der Informationsfülle unübersichtlich geworden sind, bringt die Figur wieder Struktur in den Informationsdschungel.

Verkaufen/Beraten (talk): Einer der häufigsten Gründe für das Scheitern eines Kaufgeschäftes im Internet ist die fehlende Beratung durch Verkäufer.[6] Virtuelle Assistenten bzw. Shopping-Agenten können die User bei der Kaufentscheidung unterstützen sowie bei der Produkt- und Informationssuche helfen. Ferner wird die Webpräsentation durch die Komponente der „menschlichen" Kommunikation bereichert. Durch Verbindungen mit (auch externen) Datenbanken kann der virtuelle Berater individuelle Empfehlungen und Beratungen aussprechen. Er „kennt" die

Einsatzgebiete der Produkte und kann auf mögliche Alternativen hinweisen.

Im Customer Service ist die Beantwortung von FAQ's bzw. die Beantwortung einfacher Fragen realisierbar. Mit der Hilfe spezieller Software ist es möglich, dass die Figur die Kunden wiedererkennt, um ihre Vorlieben weiß und sie individuell anspricht. Damit werden wertvolle Informationen über Kunden für Marktforschungen gewonnen, um personalisierte und individuell abgestimmte Angebote erstellen sowie kompetente Online-Beratung ermöglichen zu können.

Ein weiteres Einsatzgebiet sind Lernsysteme im Internet bzw. Intranet von Unternehmen oder computerbasierte Schulungen, in denen virtuelle Figuren interaktiv Lerninhalte vermitteln. Durch die Interaktionsmöglichkeit ist eine Adaption an die Aufnahmefähigkeit und die Lernfortschritte des Benutzers bei gleichzeitiger Integration von Motivationsmechanismen gewährleistet. Damit verfügen diese Systeme über ein enormes Potenzial für die kostengünstige und effiziente Aus- und Weiterbildung in Unternehmen.

Informieren (present): Daneben ist der Einsatz von virtuellen Nachrichtensprechern, z. B. für die Web-Präsenz von Nachrichtenkanälen, aber auch für die News-Sektion von Unternehmen möglich. Diese Figuren werden mit Hilfe von Authoring-Systemen gesteuert und sind dadurch in der Lage, die – in Datenbanken gesammelten – Informationen automatisch in ansprechender Form zu präsentieren. Darüber hinaus ist es möglich, Moderatoren oder Game-Show-Presenter im Internet einzusetzen. Unterstützt durch Gestik und Mimik des Charakters können nun Gefühle und persönliche Charakteristika transportiert werden. Aufgrund dieser Emotionalisierung des Web-Auftritts bleiben Nutzer länger auf der Seite (stickiness) und kommen öfter wieder (Bungee-Effekt).

Zusammengefasst: Virtuelle 3D-Charaktere sind die „Schwimmflügel" fürs Web. Sie bilden das neue Interface zum Internet-Benutzer –

Kai Bühler

sie helfen ihm, gewünschte Informationen zu finden und stehen ihm rund um die Uhr als personalisierter Ansprechpartner zur Seite.

Einsatz im TV und Event

Entwicklungen in der Echtzeit-Technologie erlauben zudem den crossmedialen Einsatz der virtuellen 3D-Figuren. So kann der einmal eingeführte Marken- und Unternehmensrepräsentant als kommunikativer Sympathieträger auch live im Fernsehen, auf Events in Entertainment-Parks und auf Messen auftreten.

Mit einem Datenanzug (Motion-Capture System) kann ein Schauspieler die virtuellen Charaktere live animieren. Auf einer Projektionsfläche sieht der Zuschauer die direkte Interaktion (1:1-Übertragung von Bewegungsabläufen) zwischen realem und virtuellem Schauspieler.

Abbildung 1:
Virtueller Wetterfrosch mit Auftritten im ARD-Mittagsmagazin und live vor der Tagesschau von der Internationalen Funkausstellung

Folglich können Unternehmen verschiedene innovative Vermarktungskanäle nutzen. Der crossmediale Einsatz eines Markenrepräsentanten im Web, TV, auf Events und zukünftig auf mobilen Endgeräten garantiert einen hohen Verbreitungsgrad und Wiedererkennungswert der Marke. Abbildung 2 gibt eine Zusammenfassung zum Einsatzgebiet virtueller Charaktere.

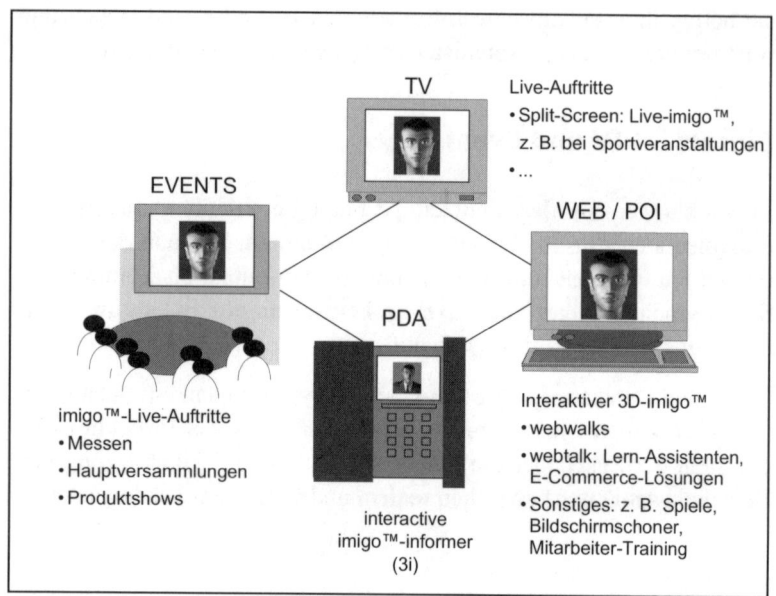

Abbildung 2:   Graphische Zusammenfassung des crossmedialen
                Einsatzes virtueller Charaktere

Entstehungsprozess eines virtuellen 3D-Charakters

Virtuelle 3D-Charaktere stehen sehr stark im öffentlichen Interesse. Da sie menschliche Züge haben und entsprechend menschenähnlich agieren, ziehen sie eine hohe Medienpräsenz auf sich. Damit kommt ihnen in der Präsentation von Produkten und Unternehmen eine bedeutende Rolle zu. Der virtuelle 3D-Charakter muss sich in das existierende Beziehungsgefüge der unternehmenspolitischen Ziele und Ausrichtungen integrieren; das heißt, die entsprechenden „Core values" der Unternehmensphilosophie personifizieren.

Die Konzeption und Realisierung einer 3D-Figur erfordert entsprechende Sorgfalt. Wie entsteht nun eine 3D-Figur?[7]

1. Zeichnerische Studien sind der erste Schritt in der Entstehungsphase eines virtuellen Charakters. Hierbei wird bereits der Charakter der Figur durch den Zeichner festgelegt. Die Charaktereigenschaften des Avatars werden schriftlich ausformuliert, und die Figur bekommt ihre Biographie.

Abbildung 3:
Skizzen des virtuellen 3D-Charakters

2. Nach Konzeptentwurf und Storyboard wird die Figur im Computer zum Leben gebracht. Alternativ kann die Figur in Plastilin skulpturiert werden. Nach Modellierung einer 3-dimensionalen Figur wird die Figur im Laserscanner eingelesen und ein Animationsnetz eingestellt.

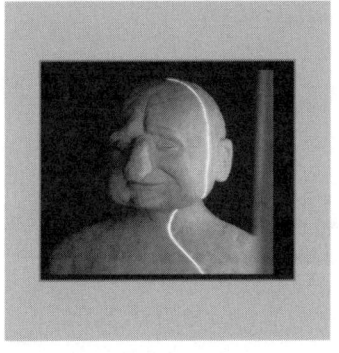

Abbildung 4:
Einscannen des 3D-Modells

3. Anschließend wird das Polygon-Modell, d. h. das mathematische Modell, aus dem sich die 3D-Figur zusammensetzt, optimiert. Jetzt können Bewegungsdaten mit einem Motion-Capture-System aufge-

zeichnet werden. Bei diesem Vorgehen steckt ein realer Schauspieler in einem Datenanzug, dessen Bewegungen aufgezeichnet und in Echtzeit direkt auf den virtuellen 3D-Charakter übertragen werden. Damit sind Animationen komplexer Bewegungsabläufe und die sprachsynchrone Lippenanimation möglich.

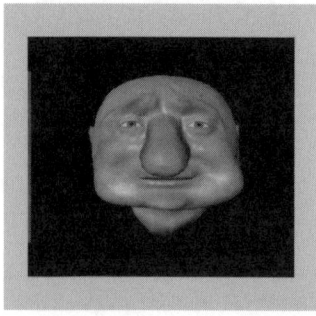

Abbildung 5:
Virtueller 3D-Charakter: Bewegungs-animation

4. Schließlich erfolgt die Gestaltung der Oberfläche, der Charakter wird zum Leben erweckt. Die Figur kann nunmehr crossmedial über TV, Internet bis zu einzelnen Events wie Shows, Messen, Hauptver-sammlungen etc. eingesetzt werden.

Abbildung 6:
Einbindung des 3D-Charakters in ver-schiedene Medien (in diesem Fall TV)

Kai Bühler

Nutzen interaktiver 3D-Charaktere im Crossmedia-Mix

Folgendes Phänomen: Zwei Verkäufer sagen exakt dasselbe, aber einer macht wesentlich häufiger Abschlüsse. Warum? Die Ursache liegt darin begründet, dass Sprache zwar unser kommunikatives Leitmedium ist, jedoch das nonverbale Verhalten meist tiefer als das Wort trifft.

„Aus den Haltungen, die wir im Gespräch einnehmen, aus der Art und Weise, wie wir uns bewegen, zieht unser Gesprächspartner unbewusste Schlüsse. Deren Suggestivkraft ist so zwingend, dass man sich des Eindrucks kaum zu erwehren weiß. Das nonverbale Verhalten stellt das beziehungsstiftende Element in der zwischenmenschlichen Kommunikation dar."[8]

Gerade um diese Komponente der nonverbalen Kommunikation kann die Interaktion mit dem Kunden sowohl im Internet als auch im Offline-Bereich durch den Avatar-Einsatz bereichert werden. Mit der crossmedialen Einsatzmöglichkeit virtueller Charaktere können sich Unternehmen neue Marketing- und Kommunikationsmodelle zur Konsumentenansprache erschließen.

Aus Unternehmenssicht lassen sich durch den Einsatz virtueller Charaktere die folgenden konkreten Vorteile erzielen:

Virtuelle Charaktere
helfen einem Nutzer bei der Suche im Internet. Sie bilden die neue Schnittstelle zum Internet-Benutzer. Avatare führen bestimmte webwalks vor, oder man kann sich mit ihnen unterhalten (webtalk). Sie stehen einem rund um die Uhr als personalisierter Ansprechpartner zur Verfügung und begleiten gerade neue Internetbenutzer bei ihrem Einstieg in das Medium.[9]

emotionalisieren den Marken-Auftritt. Markenrepräsentanten, Nachrichtensprecher, Moderatoren oder virtuelle Lern-Assistenten werden zum Leben erweckt. Nachrichten und Produkte werden mit animierter Gestik und Mimik transportiert. Sie sind das emotionale Kommunikationstool zur Imagesteigerung und Differenzierung eines Unternehmens.

helfen, Kosten zu sparen. Die virtuelle Figur beantwortet alle Standardfragen schon im Internet, bevor Kunden zum Telefonhörer greifen. Damit sind bis zu 50 Prozent Einsparungen beim Call-Center Personal möglich.

beraten und verkaufen aktiv. Sie übernehmen wichtige Servicefunktionen und steigern die Umsätze von Online-Shops. In der wichtigsten Phase eines Internet-Kaufgeschäftes – kurz vor dem Abschluss – unterstützen sie den Nutzer bei der Produktwahl und bei der Kaufentscheidung.

steigern die Werbeumsätze von Online-Firmen durch längere Verweildauern von Benutzern (stickiness) und häufigere Wiederbesuche (bungee-Effekt). Es macht einfach Spaß, sich mit einem virtuellen 3D-Charakter zu unterhalten.

betreiben Marktforschung. Durch gezielt gestaltete webwalks und talks kann der virtuelle 3D-Charakter Durchschnittswerte generieren und Meinungsumfragen durchführen.

erstellen Konsumentenprofile. Durch die Interaktion mit der 3D-Figur können individuelle Konsumentenprofile erstellt werden.

Und schließlich sind virtuelle Charaktere crossmedial einsetzbar, das heißt, sie können live im Fernsehen oder auf Events wie Messen, Produktshows, Hauptversammlungen auftreten. Der crossmediale Auftritt garantiert den schnellen Verbreitungsgrad der Marke.

Kai Bühler

Fallbeispiel „Baby Fred!": Aufbau eines crossmedialen, virtuellen Stars

Wie bereits erwähnt, konnten durch den Einsatz eines virtuellen 3D-Charakters, „Baby Fred", auf den Webseiten von www.genie.de die Nutzerzahlen um mehr als 50 Prozent gesteigert werden.[10] Hierbei ist zu bedenken, dass auf flankierende Werbemaßnahmen, die explizit auf „Baby Fred" verwiesen, in den ersten Wochen vollkommen verzichtet wurde. Die Sensibilisierung des Themenkomplexes „Avatar" in den Medien führte zu entsprechendem Zulauf und konnte Internet-Nutzer auf den neuen Content-Bereich aufmerksam machen.

Das Beispiel verdeutlicht, wie durch neue Kommunikationstools entsprechende Aufmerksamkeitswerte und damit steigende User-Zahlen realisiert werden können.

Nachfolgend soll die Branding- und Marketing-Idee hinter dem ersten virtuellen Online-Vertriebsprofi, „Baby Fred", näher erläutert werden.

Zielsetzung und Aufgabenstellung

Ziel innerhalb dieses ambitionierten Projektes war eine neue und bislang einzigartige Form der Kommunikation im Internet zu realisieren. Dabei galt es, eine innovative Form der Benutzeransprache zu finden – eine Methode, die zielgruppenorientierte Kommunikation erlaubt.

Sowohl die konzeptionelle als auch technologische Herausforderung bestand in erster Linie darin, die Figur pro- und interaktiv mit dem Internet-Nutzer agieren zu lassen. Dies wurde technologisch mit Hilfe einer Standardsoftware für 3D-Charakter-Animation und einer eigens entwickelten Animations- und Applikationssoftware erzielt.

„Baby Fred" – seine Aufgaben und Funktionen: Baby Freds Job bei genie.de besteht darin, dem Internet-User als webcompanion interaktiv zur Seite zu stehen und ihn über die Web-Seiten zu führen. Mit seiner sympathischen, unterhaltsamen Art bewegt er Internet-Nutzer zu Registrierungen.

Abbildung 7:
„Baby Fred", der ers-te voll interaktive
3D-webcompanion

Auf den Webseiten von genie.de steht „Baby Fred" nun als Symbol für nutzerfreundliche Bedienung. Er taucht in der Ecke des Screens auf und kommentiert mit buntem Akzent und Männerstimme äußerst lebendig die Surfbewegungen der User. Hierbei reagiert Fred nicht nur auf Fragen, die ihn direkt betreffen. Er kommentiert mal mit kürzeren, mal mit ausführlicheren Statements alle erdenklichen Mouse-overs und Clicks des Users und agiert auch bei Leerlauf (idle-effect).

„Baby Fred" – Die Story

Um den Charakter menschlicher und nahbarer zu gestalten, wurde für Baby Fred eine eigene Biographie erstellt. Hierin lag ein wesentlicher Erfolgsfaktor für den schnellen Verbreitungsgrad des Charakters:

Eigentlich sollte „Baby Fred" ein Avatar wie viele andere werden: konzipiert als niedlich vor sich hin brabbelndes Baby. Seinen Programmierern unterlief jedoch ein folgeschwerer Fehler: Sie verwechselten völlig übermüdet die Charakter-Daten von „Baby Fred" mit denen eines frechen Gigolos mit südländischem Akzent. Die Adjekti-

Kai Bühler

ve, mit denen man „Baby Fred" beschreiben würde, sind: cool, frech, freundlich, quirlig, respektlos, zeitweilig launisch und ohne Zweifel gut informiert.

Nach erfolgreicher Registrierung auf den Webseiten entwickelt sich Fred im Laufe der Zeit zu einem guten Bekannten des Users, den er an seinem virtuellen Leben teilhaben lässt. Ein Besuch bei genie.de wird so auch immer zu einem Besuch bei Fred. So lassen sich die Wiederkehrraten sowie die Verweildauer der User auf den genie.de-Seiten erhöhen.

 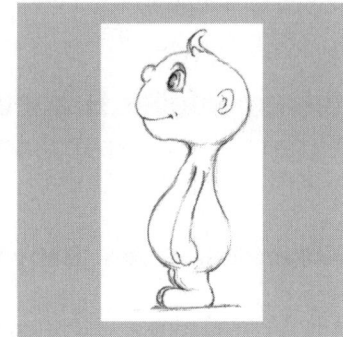

Abbildung 8 a+b: Skizzen von „Baby Fred"

„Baby Fred" – die technische Umsetzung eines webwalks™

Das bloße Anbieten von Informationen im Internet reicht längst nicht mehr aus – schnelles Auffinden von benötigtem Content, leichte und verständliche Navigationssysteme und individualisierte Kunden-ansprache sind heutzutage ein Muss.

Die Inhalte der genie.de-Seiten basieren auf einem Content-Management-System, das in der Lage ist, Inhalte, die von externen Content-Providern geliefert werden, zu definieren.

Folgt der User einem Link auf den genie.de-Seiten, so erarbeitet ein JSP-Server (java server pages) die Anfrage und entwickelt dynamisch die erforderlichen HTML-Seiten für den jeweiligen Link. Die Inhalte für die HTML-Seite kommen vom Content Management System. Die eingesetzte Technologie erlaubt die Einbindung von Echtzeit-Animationen in Form eines virtuellen, interaktiven 3D-Charakters in bestehende Internet-Seiten ohne aufwendige Modifikationen des Systems. Richmedia-Inhalte lassen sich ohne zeitintensive Downloads oder zusätzliche Plugins abspielen. Ein wesentlicher Erfolgsfaktor, denn damit können Millionen Internet-Nutzer das innovative Kommunikationstool in Form von „Baby Fred" nutzen.

Inkrementelles Branding eines neuen Unternehmensrepräsentanten

Ankündigung von „Baby Fred"

Die Vermarktungs- und Branding-Kampagne hinter dem virtuellen Star „Baby Fred" begann schon einige Monate vor seinem Online-Launch. Ein detaillierter Marketing- und Public Relations-Plan wurde an eine speziell für den Online-Star ausgearbeitete Character-Bible angelehnt. Diese Character-Bible definiert seine Charaktereigenschaften, seine spezifischen Vorlieben und Abneigungen. Anhand dieser Character-Bible als Fahrplan für die Einbettung seiner gelebten Geschichten in der realen Welt wurden verschiedene tagesaktuelle News konzipiert, die auf den Webseiten von Genie platziert wurden. Parallel dazu wurde ein Making-of Video realisiert, dass Hintergründe zu der Entstehungsgeschichte Baby Freds und zu den gestalterischen und technologischen Rahmenbedingungen gibt.

Kai Bühler

Online-Launch von „Baby Fred"

Mit einer Pressekonferenz wurde der neue virtuelle Online-Star der Medienöffentlichkeit vorgestellt und zusammen mit einer eigenen News-Rubrik ins Leben gerufen.

Abbildung 9:   Einsatz von „Baby Fred" im World Wide Web

Aktuelle Berichtserstattungen in den Print-Medien und ein einstündiges TV-Interview mit dem Marketing-Verantwortlichen von Genie Internet sorgten für entsprechende Verbreitung der Marke „Baby Fred" sowie der dazugehörigen Webseite. Begleitet wurden diese PR-Aktivitäten mit einer faktischen Präsenz von „Baby Fred" als „Walking Act" auf verschiedenen Messen (z. B. CeBIT, Internet World Berlin).[11]

Promotion „Baby Fred"

In den nächsten Wochen folgte der intensive Ausbau des virtuellen Charakters sowohl in konzeptioneller als auch in crossmedialer Sicht.

In den ersten Wochen nach dem Online-Launch wurde die Figur in folgenden Werbeträgern und Formaten eingesetzt:

- Print-Kampagnen mit „Baby Fred"
- e-cards und screensaver im Internet
- Online-Promotion auf anderen Sites mit Bannern
- Logos und SMS-Geschichten für Handies
- Ansagetexte für Anrufbeantworter
- Radio-Interviews mit „Baby Fred"
- Auftritt in diversen TV-Formaten

Abbildung 10:
3D-Modell von „Baby Fred"
(Scan-Vorlage)

Mit diesen Aktionen wurde die Bekanntheit der Figur kontinuierlich im On- und Offline-Bereich gesteigert. Als besonders medienwirksam erwies sich jedoch eine inszenierte Liebesbeziehung für den virtuellen Charakter „Baby Fred".

Hierzu konnte Nadja abdel Farrag, „Naddel", die Ex-Freundin von Dieter Bohlen, gewonnen werden. Im Sommer 2001 ließ sie in der

Kai Bühler

Presse verlauten, ihr neuer Freund arbeitet als Online-Vertriebsprofi bei Genie Internet. Zu Beginn der Kampagne wurde über einen Zeitraum von zwei Wochen nicht veröffentlicht, wer der „Neue" ist. Schließlich wurde im Juli auf diversen TV-Stationen und in Print-Titeln bekannt gegeben, dass „Baby Fred" und Naddel ein Paar sind.

Nach der Bekanntgabe wurden anschließend auf den Internet-Seiten des Portals eine eigene Foto-Love-Story und aktuelle Nachrichten rund um das einzigartige Paar veröffentlicht.

Durch diesen innovativen Marketing- und PR-Ansatz konnten zahlreiche Presseberichte in diversen TV-Formaten und Print-Titeln erreicht werden, ohne dass dafür ein gesondertes Werbebudget freigegeben werden musste.

Abbildung 11:   Ein „Traumpaar": Naddel und „Baby Fred"

Bei den oben aufgezeigten Promotion-Aktivitäten wurde besonders darauf geachtet, dass sämtliche Werbemaßnahmen aufeinander aufbauend stufenweise und nicht mit einem „big bang" durchgeführt wurden (vgl. Abbildung 12). Durch diesen inkrementellen Ansatz konnte kontinuierliches Character-Coaching betrieben, d. h. die Produktion neuer Inhalte für die Figur und ihres entsprechenden Einsatzes in diversen Medien vorangetrieben werden.

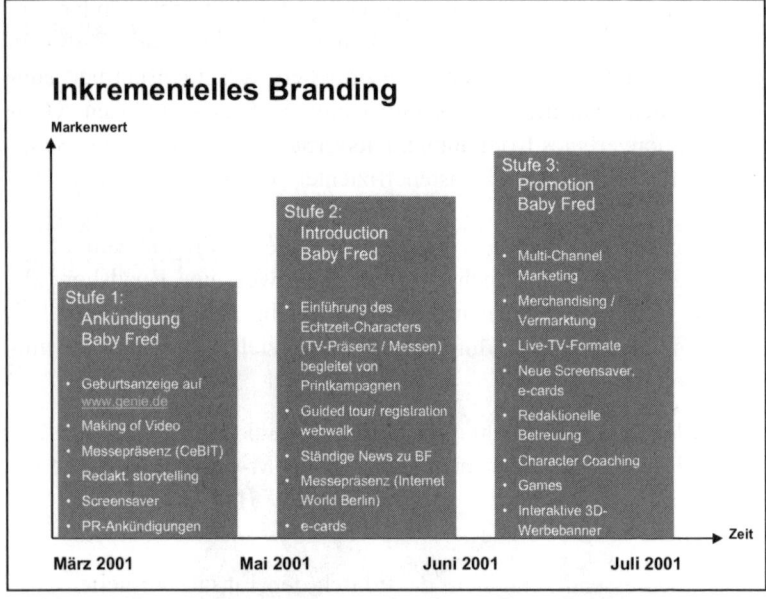

Abbildung 12:   Aufbau eines virtuellen Stars: „Baby Fred"

Gerade durch diesen Stufen-Ansatz und den crossmedial angelegten Einsatz der Figur in diversen Vermarktungskanälen konnten die Marken „Baby Fred" und Genie Internet in vergleichbar kurzer Zeit bekannt gemacht und entsprechende Nutzer-Zuwächse für die Webseite realisiert werden.

Zusammenfassung und Ausblick

Die Ausführungen haben gezeigt, dass durch den Einsatz virtueller 3D-Charaktere neue Marketing- und Kommunikationsformen sowohl

im Online- als auch im Offline-Bereich und damit neue Wachstums-
chancen realisiert werden können.

Neben der Anwendung von 3D-Charakteren im Internet wird es künftig vermehrt zum Einsatz von virtuellen Figuren insbesondere im
Corporate Intranet kommen. Hier kommt es nicht zwangsläufig zu
einer Substitution von realem und virtuellem Gesprächspartner, sondern virtuelle Partner werden ihre realen Kollegen ergänzen. Opti-
miertes, nonverbales Kommunikationsverhalten vermittelt neue Schu-
lungsinhalte direkter und kosteneffizienter. Beispielsweise muss bei
Einführung einer neuen Buchhaltungssoftware bei einem weltweit
operierenden Unternehmen nicht ein gesondertes Projektteam aufge-
setzt werden, das über mehrere Monate hinweg eine Roadshow ab-
solviert. Mitarbeiter können die neuen Inhalte über einen virtuellen
Helfer im Rahmen einer Intranet-Lösung gezielt und zeitnah vermittelt bekommen.

Technologische Entwicklungen werden zudem virtuelle Figuren auf
Point-of-Information-Systemen, im Bereich M-Commerce sowie als
Hilfe im täglichen Leben – zum Beispiel auf Haushaltsgeräten – er-
möglichen.

Zusammenfassend zeigt sich, dass durch den Einsatz virtueller Charaktere schon heute in bestehenden Medien sowohl wachstums- als
auch kostenpolitische Ziele realisiert werden können. Technische
Innovationen werden den Einsatz interaktiver 3D-Charakter in neuen
Medien und Werbeträgern ermöglichen und sie zu einem gebräuchli-
chen Hilfe-Instrumentarium in unserem täglichen Leben machen.

Literaturverzeichnis

Bunsen, O.; Bollmann, D.; Opalla, R.; Piesk, J.; Trogemann, G.:
Clones und Clowns: Virtuelle Akteure in den Medien. Tagungsband
Multimedia-Tag, Regionales Rechenzentrum der Universität zu Köln,
Oktober 1997

Cap Gemini Ernst & Young: Intershopping Study, 1999

Ears & Eyes: Studie: Spuren im Netz, Hamburg 1999

Frey, S.: Die Macht des Bildes, H. Huber, Göttingen, 1999

Hartmann, T.: Cyber-Starlets: Eine empirische Untersuchung über parasoziale Beziehungsqualitäten zu Star-Avataren wie E-Cyas oder Lara Croft, Unveröffentlichte Diplomarbeit am Institut für Journalistik und Kommunikationsforschung der Hochschule für Musik und Theater, Hannover, 2001

Klussmann, Niels: Lexikon der Kommunikations- und Informationstechnik: Telekommunikation, Datenkommunikation, Multimedia, 2., aktualisierte und überarbeitete Auflage, Hüthig: Heidelberg, 2000

Mummert & Partner, Avatar-Studie 2001

www.pulse3d.com

Anmerkungen

[1] Vgl. auch erste Marktforschungsergebnisse aus den USA auf www.pulse3d.com. So konnten auf der Seiten von Nutrisystem über 30 Prozent höhere Click-Raten realisiert werden. Bei „The Sharper Image" kam es zu einem Anstieg der Page Impressions um 300 Prozent und einem Zuwachs der Verweildauern um 50 Prozent. Der Internet-Schmuckhändler timebeat.com steigerte seine Verkäufe um 15 Prozent.

[2] Vgl. Hartmann, 2001, S. 4 f.

[3] Vgl. hierzu die im Internet eingesetzten Verkäufer, Berater auf www.shopping24.de und www.otto.de, Moderatoren bzw. Nachrichtensprecher auf www.wapme.de respektive www.vwd.de, die Navigationshilfen auf www.genie.de.

[4] Vgl. Studie von Mummert & Partner, 2001, wonach sich 40 Prozent der deutschen Internet-Nutzer virtuelle 3D-Figuren auf Webseiten wünschen.

[5] Vgl. Klussmann, 2000. Eine Übersicht zu den verschiedenen Definitionen von Avataren findet sich bei Hartmann, 2001.

Kai Bühler

[6] Ernst & Young – Intershopping Study 1999.

[7] Zur Erstellung virtueller Akteure vgl. auch: Bunsen, O., Bollmann, D., Opalla, R., Piesk, J. und Trogemann, G.: Clones und Clowns: Virtuelle Akteure in den Medien. Tagungsband Multimedia-Tag, Regionales Rechenzentrum der Universität zu Köln, Oktober 1997

[8] Frey, 1999.

[9] Untersuchungen haben gezeigt, dass die Hemmschwelle zur Registrierung immer noch sehr hoch ist. Das Hamburger Forschungsinstitut Ears and Eyes fand im Rahmen der Studie „Spuren im Netz" heraus, dass von 686 befragten Internet-Usern 64 Prozent ihre Antwort davon abhängig machen würden, welche Art der Daten und insbesondere wie sie abgefragt würden. Hier kann ein Avatar insbesondere bei Erst-Usern Hilfestellung geben.

[10] Genie Internet ist eine Tochter der British Telecom, die als Internet-Portal rund um das Thema mobiles Internet Serviceleistungen wie SMS, Logos, Wap-News etc. anbietet. Das Portal ist außerhalb des US-amerikanischen Marktes zur Zeit weltweit das zweitgrößte Portal dieser Art und in nahezu 10 Ländern aktiv.

[11] Dabei lief ein Schauspieler mit einem Kostüm von „Baby Fred" über die Messe.

Offline und Online mit System

Markus A. Kirner

Einleitung

Um sich die neuen digitalen Welten dienstbar zu machen, werden neue Werkzeuge benötigt. Die ci4.net AG entwickelt diese und bietet sie an. card4.net ist ein erstes Produkt des Unternehmens und ein gutes Beispiel dafür, wie mit neuen Instrumenten neue Werte zu schöpfen sind.

card4.net verbindet erstmalig die Offline- mit der Onlinewelt und stellt ein System zur Verfügung, in dem der Nutzer selbst hinterlegte Informationen mittels Nummern individuell managen kann. Sowohl mobil als auch via PC – der Nutzer wird zum Architekten seiner eigenen Online-Welt.

Die entwickelte Technologie ermöglicht die Umsetzung des Permission Based Marketing-Gedankens über das Handy und/oder das Internet. Durch die Verknüpfung von Mobilfunk und Internet erhalten die Unternehmen ein System zur effizienten Werbeerfolgskontrolle und ein kosteneffizientes Customer-Relationship-Management-Tool Die Nutzer bekommen Zugang und Kontrolle über die für sie relevanten Informationen.

Problem und Lösung

Das Problem: Kommunikation ohne Wirkung

Unternehmen geben eine Menge Geld aus, um bestehende Kunden zu halten und neue zu gewinnen; für Werbung, deren Wirkung sie nicht kennen; für CRM-Systeme, die nicht miteinander kompatibel sind; für Websites, die kein User besucht. Kommunikationsmaßnahmen erzielen nicht den erwünschten Erfolg, da diese nicht über alle Medien gestreut werden können.

Verbraucher bekommen das Ergebnis dieser Mühen täglich mit der Post, außerdem in Form von Prospekten und Broschüren für den Papierkorb oder als ungebetene Spam-Mail. Nach Produktinformationen oder Angeboten, die sie wirklich interessieren, müssen sie dagegen mühsam suchen.

Die Lösung: card4.net

card4.net ist das erste branchenübergreifende Informations- und Bonussystem im Internet. Es wird Verbrauchern und Unternehmen gleichermaßen gerecht und liefert Lösungen für die oben genannten Probleme.

Die Partner von card4.net erhalten eine oder mehrere Nummern. Diese Nummern können sie nach und nach in ihre Werbeträger integrieren. Über die Eingabe via Handy oder Internet wird ein Interessent exakt mit dem Angebot verlinkt, das der Partner von card4.net mit dieser Nummer verbunden hat. Was für ein Angebot das ist, bleibt dem Partner überlassen. Dabei sind einfache Informationen genauso möglich wie die Anbindung an einen Online-Shop.

Markus A. Kirner

Die Verbraucher finden einerseits endlich die Angebote, nach denen sie sonst lange suchen müssen. Das geht schnell, einfach und wird zusätzlich mit Bonuspunkten belohnt, die bares Geld wert sind.

Die Unternehmen andererseits haben nicht nur die Möglichkeit, Interessenten ganz gezielt zu informieren, sondern auch mit ihnen über ein Link&Dialog-System zu kommunizieren. Dieses System ermöglicht es dem User, sich sein ganz persönliches Informationssystem zu generieren. Ein Nutzer speichert die Nummern in seinem persönlichen „Link&Dialog-System" und kombiniert sie dadurch mit bereits Vorhandenem.

Die Nummer besteht aus einem statischen und einem variablen Teil. Die statische Stammnummer ist einem Partnerunternehmen fest zugeordnet. Die variablen Unternummern entsprechen einzelnen Angeboten des Partners.

Beispiel: Ein Unternehmen mit drei Produkten

Produkt A 1234*1
Produkt B 1234*2
Produkt C 1234*3

Durch die Zuordnung der Unternummern zu verschiedenen Werbeträgern kann über die Auswertung der Zugriffszahlen der Erfolg eines jeden Werbeträgers exakt gemessen werden. Die Nummern können überall eingesetzt werden: in Mailings oder am Point of Sale genauso wie in Plakaten, Anzeigen, TV-Spots, Katalogen oder auf Werbeartikeln, Verkehrsmitteln und Verpackungen. Denn die Interessenten können die Nummer jederzeit in das System übertragen – unterwegs mit dem Handy oder zu Hause am Computer.

Anwendungsbereiche von card4.net

Online

Mit dem Einsatz der Nummer in Mailings und am POS werden vor allem Bestandskunden erreicht. Der Kunde eines Unternehmens gibt die Nummer zu Hause am Computer ein und findet im Infocenter auf der Website von card4.net das mit der Nummer verbundene Angebot, weitere Informationen oder auch die Möglichkeit, online einzukaufen.

Mobil

Mit dem zum Patent angemeldeten Verfahren des card4.net-Systems ist es erstmalig möglich, sich Informationen ortsunabhängig, in „Echtzeit" – via Mobiltelefon – verfügbar zu machen und anschließend am PC abzurufen. Vorteile dieser Methode sind: Der erste Impuls zur Informationsbeschaffung wird genutzt und Anbieter können unmittelbar reagieren. Mit card4.net und Handy ist der User auch offline immer online.

Ein mobiles Beispiel:

Ein Nutzer sieht ein Plakat, das eine card4.net-Nummer hat. Die Werbebotschaft interessiert ihn, er will mehr wissen. Deshalb wählt er einfach die Telefonnummer 01805-999 244 und gibt danach die card4.net-Nummer per Tastatur ein. Die gewünschten Informationen liegen nun für ihn im card4.net-System bereit.

Die card4.net-Nummer entlastet ihren Nutzer, da die für ihn relevanten Informationen bereits in seinem card4.net-System hinterlegt sind. Damit erhöht card4.net den Komfort bei der Informationsgewinnung und ermöglicht es, mehr Informationen zu sammeln und aufzunehmen. Kaufentscheidungen sollen damit schneller fallen.

Markus A. Kirner

Der Nutzer kann sich nach Eingabe der card4.net-Nummer auch direkt mit einem Customer Care Center verbinden lassen, um direkt ins Verkaufsgespräch einzusteigen oder sofort zu bestellen. In der Weiterentwicklung ist die gleichzeitige Informationsanfrage und -beantwortung mittels eines WAP-fähigen Mobiltelefons möglich. Diese Dienstleistung wird durch die baldige Einführung von GPRS und UMTS optimiert.

Die Vorteile von card.4net

Für die Unternehmen

Das System ermöglicht den Teilnehmern, von einem neuen vielseitigen Marketing-Tool zu profitieren. Durch eine differenzierte Zielgruppenansprache erlaubt das System eine bisher nicht da gewesene Werbeerfolgskontrolle nach:

- Werbeträger

- Zielgruppen

- Region

- Zeit

Die Integration verschiedener card4.net-Nummern in verschiedenste Werbeträger ermöglicht zum einen die dezidierte Werbeträgererfolgskontrolle und ordnet den Werbeerfolg präzise zu. Zum anderen erweitert sich durch die Nutzung der Nummer die Botschaft des Werbeträgers und erhöht den Traffic auf der Website durch Ansprache neuer Zielgruppen: die Handy und Internetnutzer.

Das card4.net-Nummernsystem sorgt für eine zweifache, intensive Beschäftigung mit Angebot und Marke. Zunächst wird der User in der Offlinewelt mit dem Produkt und der Marke konfrontiert und anschließend, nach Generieren des Angebotes in sein persönliches Infocenter, erfolgt ein weiterer Kontakt in der Onlinewelt. Bekanntheit und Wiedererkennungseffekt des Produktes bzw. der Marke werden dadurch erhöht.

Teilnehmende Anbieter können erstmalig auf die Wünsche des Nutzers eingehen und Angebote exakt optimieren. Die Kommunikation des Anbieters richtet sich an den Erwartungen des Kunden aus und unterstützt durch bessere Kundeninformationen den Abverkauf. So können in der Vorverkaufsphase gewünschte Inhalte, wie z. B. eine Preisübersicht oder eine interaktive Produktberatung kommuniziert werden. Gerade in dieser Phase besteht ein geringes Interesse seitens potenzieller Kunden an einer Informationsflut per Mailing-Lists. In der Kaufphase gilt es, den User direkt zum Bestellformular des Online-Shops zu führen, um den vorzeitigen Abbruch zu vermeiden. Das mehrmalige „Klicken" bis zum Bestellzettel kann durch eine direkte Verlinkung die Abbruchquoten verringert werden. In der After-Sales-Phase können direkt Produkt- und Problemhilfestellungen angeboten werden.

card4.net hilft dem Anbieter, neue Kunden zu gewinnen, weil eine Belohnung der gelesenen Informationen stattfindet. Im Vergleich zu vielen anderen Bonussystemen, die an Sachprämien gebunden sind, soll sich der Nutzer von card4.net die gesammelten Boni – ab einem bestimmten Betrag – in Form von Bargeld ausbezahlen lassen können.

Um neue Kunden zu Stammkunden zu machen, muss der Anbieter die Gewohnheiten und Verhaltensweisen des Kunden schneller, besser, einfacher und direkter kennen lernen. card4.net bietet dabei eine Link&Dialog-Funktion an, mit der sich der Nutzer direkt mit dem Unternehmen in Verbindung setzen kann. Im Dialog verbessert und vertieft sich die Anbieter-Kunden-Bindung. Aus Kunden, die direkt angesprochen werden und gezielt informiert werden, werden schneller Stammkunden.

Markus A. Kirner

Die Kosten der Nutzung des Systems sind zu 100 Prozent erfolgsabhängig. Es fällt lediglich eine Einrichtungsgebühr an. Der Anbieter erhält mit card4.net ein zusätzliches, exakt kalkulierbares Service-Tool, das ohne jeden zusätzlichen Aufwand für das Unternehmen zu implementieren ist. Nur wenn ein Nutzer das System nutzt und Informationen abruft, werden Gebühren erhoben.

Für den Kunden

Bei der Entwicklung des Systems stand der Kunde im Focus. Das System funktioniert nach den Prinzipien des Permission Based Marketing, da der Nutzer entscheidet, welche Informationen ihn erreichen und welche nicht. Er behält die Kontrolle darüber, wie er seine Informationen erhalten möchte. Das heißt, der Nutzer kann seine Informationen zuordnen, aktualisieren oder löschen. Mit card4.net steht ihm somit ein individualisierbares, aktuelles Informationssystem im Internet zur Verfügung. Added Value und Convenience-Effekt für den User werden gerne genannt, wenn es darum geht, Kunden zu gewinnen bzw. zu binden. Der Zusatznutzen besteht im Bonussystem von card4.net. Für die Nutzung des Informationssystems von card4.net werden keine Gebühren verlangt, es fallen keine Nutzungskosten an, im Gegenteil: Wer card4.net nutzt, wird sogar belohnt. Diese Punkte sind vielfältig einsetzbar und stellen mit ihrem Gegenwert von 1 Europäischen Cent je card4.net-Punkt eine Online-Währung dar. Durch das schnelle und einfache Abrufen der Produktinformationen und dem geringen Aufwand bei der Produktsuche bzw. Informationsbeschaffung entfällt das oftmals lange Suchen im Internet. Dem Nutzer werden die für ihn relevanten Websites direkt (per Short Cuts) angeboten und er erhält somit angeforderte Informationen ohne Wartezeiten.

Mit der systemeigenen Dialogfunktion kann ein Nutzer mit einem Anbieter jederzeit direkt kommunizieren, um offene Fragen zu klären, weitere Informationen zu erhalten oder eine Bestellung perfekt zu machen.

Die Vision

Die ci4.net AG hat sich zum Ziel gesetzt, mit Service und Produkten die Offline-Welt und die Online-Welt zu verbinden. In der weiteren Entwicklung sieht sich card4.net als adäquates Tool zum Einsatz als „front office"-System zur Unterstützung von Sales, Marketing und CRM-Aktivitäten. Unterstützt wird diese Entwicklung durch den Aufbau verschiedener Systeme und Services:

– Aufbau eines „Direkt-Link"-Systems

– Aufbau eines „Link&Dialog"-Systems

– Aufbau und Verbreitung eines After-Sales-Nummern-Systems

– Aufbau eines B2B-Services

Profitierend von den verstärkten Investitionen in CRM-Lösungen wird die Expansion durch Anbindungen an softwaregestützte CRM- und Shopsysteme begründet. Die Ausweitung des Bonussystems, Anbindung an M-Payment und die universelle Akzeptanz der Punkte sind weitere Potenziale einer erfolgreichen Umsetzung dieses internetbasierten Informations- und Bonussystems.

Markus A. Kirner

Mobile Marketing

Ingo Lippert

Der Mobilfunkmarkt boomt

Knapp über 50 Millionen Menschen in Deutschland besitzen derzeit
ein Mobiltelefon. Diese Zahl hat mittlerweile die Anzahl der Fest-
netzanschlüsse in Deutschland übertroffen. Immer und überall erreichbar zu sein hat sich im Internetzeitalter nicht nur als notwendig
im Geschäftsleben herausgestellt, sondern gehört mittlerweile fast zur
Grundausstattung eines Jugendlichen, der „in" sein möchte.

Die klassische Sprachtelefonie ist der am meisten genutzte Dienst.
„Selbstverständlich" würde man sagen, doch im Bereich des Mobilfunks haben sich darüber hinaus weitere Dienste herauskristallisiert.
Der populärste davon ist der Short-Message-Service-Dienst. Im Jahr
2000 wurden allein in Deutschland ca. 15 Milliarden dieser 160 Zeichen langen Nachrichten verschickt. Obwohl der Markt nun langsam
in die Sättigung geht, sind die Prognosen für weiteren Zuwachs positiv.

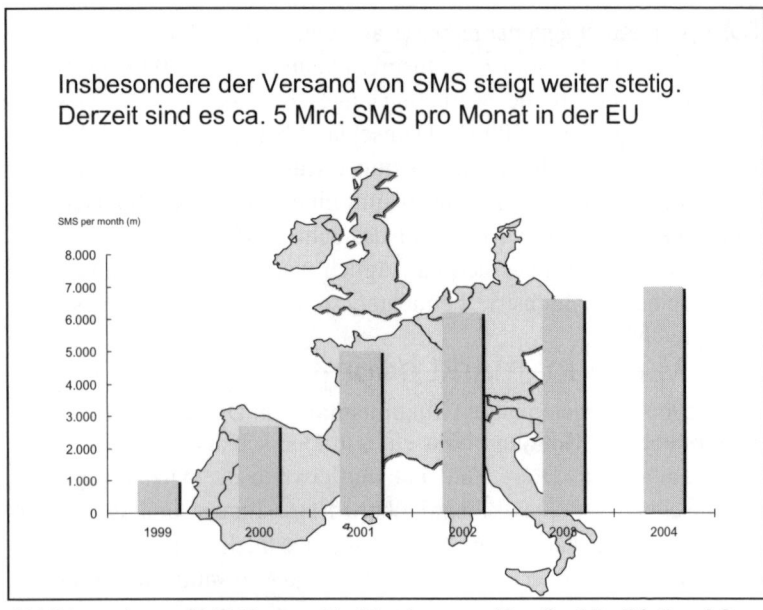

Insbesondere der Versand von SMS steigt weiter stetig.
Derzeit sind es ca. 5 Mrd. SMS pro Monat in der EU

SMS per month (m)

8.000
7.000
6.000
5.000
4.000
3.000
2.000
1.000
0

1999   2000   2001   2002   2003   2004

Abbildung 1:   SMS-Versand in Westeuropa (Quelle: MindMatics AG, 2001)

Der mobile Werbemarkt –
Gründungsjahr 2000

Die hohe Penetration der Mobilfunkgeräte und speziell die Popularität der Datendienste ist von innovativen Unternehmen, zumeist Start-ups, aufgegriffen worden. Diese Unternehmen machen sich dabei die inhärenten Vorteile des Mediums Mobilfunk zunutze und entwickeln einen neuen Marketingkanal für die Werbeindustrie. An Argumenten für das neue Medium und dessen Werbewirksamkeit fehlt es dabei nicht. Erreichbarkeit der Nutzer jederzeit und überall, Möglichkeit des One-to-One-Marketings, effizientes Responsetracking sowie eine Vielzahl von Möglichkeiten zur Interaktion sind nur einige Aspekte.

Die ersten Kampagnenergebnisse aus dem Jahr 2000 bestätigen die hochgesteckten Erwartungen. Insofern kann das Jahr 2000 als „Gründungsjahr" des Mobile Marketing angesehen werden. Die Gesamtmarktgröße im Jahr 2000 für Deutschland betrug lediglich 1 Million Euro, so das Marktforschungsinstitut Ovum. Als Prognose wird von dem gleichen Marktforschungsinstitut eine Marktgröße für Deutschland von 1,1 Milliarden Euro für das Jahr 2005 genannt. Zu euphorisch? Nein, wenn man sich das täglich wachsende Engagement der werbetreibenden Industrie betrachtet, so scheint das hoch gesteckte Ziel erreichbar.

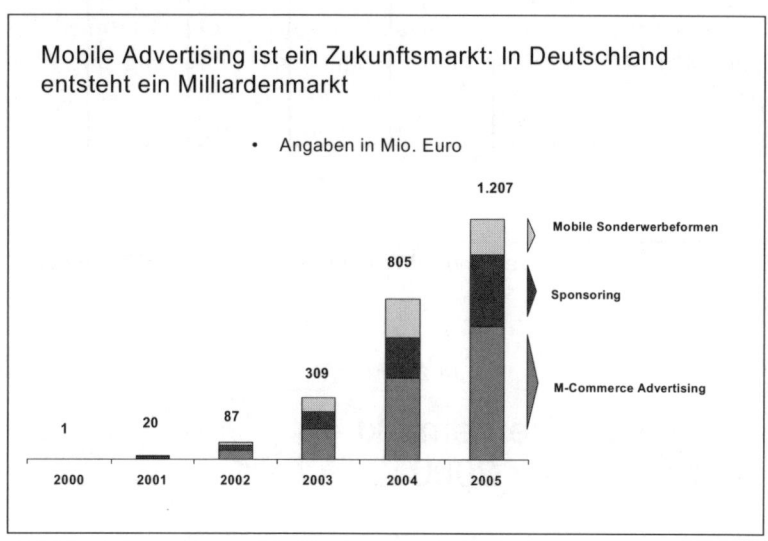

Abbildung 2:   Der mobile Werbemarkt in Deutschland
(Quelle: MindMatics AG, 2001)

Die MindMatics 4-P-Strategie

Als ein sehr persönlicher Gegenstand ist das Handy ein ständiger Wegbegleiter. Kaum jemand lässt sein Mobiltelefon für längere Zeit unbeaufsichtigt liegen oder gibt es gerne in die Hände anderer. Damit ist das Handy ein ideales Medium für die Werbewirtschaft, um die gewünschte Zielgruppe exakt sowie zeit- und ortsungebunden zu kontaktieren. Streuverluste werden damit auf ein absolutes Minimum reduziert.

Die MindMatics AG hat für das Geschäftskonzept Mobile Marketing in Anlehnung an Michael Porter (Porter, Michael E. Competitive Advantage: Creating an Sustaining Superior) die „4-P-Strategie des erfolgreichen Mobile-Marketings" konzipiert. Dieser Strategie liegt zugrunde, dass Mobile Marketing vier entscheidende Eigenschaften aufweisen muss: Permitted, Polite, Paid (incentive) und Profiled. Im Folgenden wird auf diese Elemente und deren Umsetzung eingegangen.

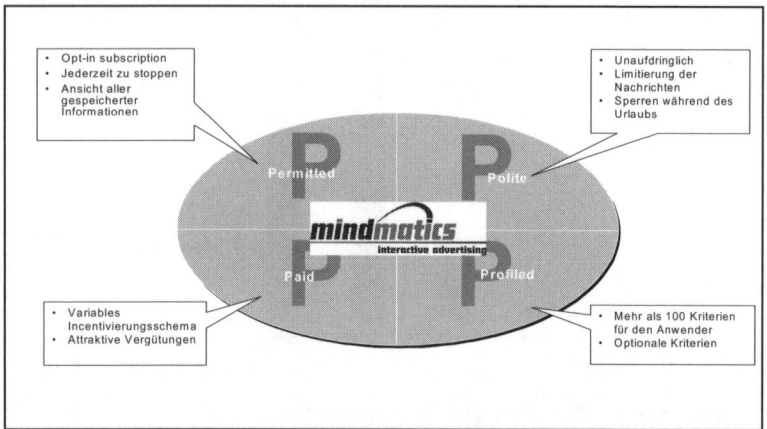

Abbildung 3:   Die 4-P-Strategie für erfolgreiches Wireless Advertising (Quelle: MindMatics AG, 2001)

Paid (Incentive)

Jeder Service, der für den Endkunden Aufwand bedeutet, muss „incentiviert" werden. Dies trifft insbesondere für Wireless Advertising zu. Warum sollte der Kunde Werbebotschaften auf seinem Handy zulassen – zudem er sich für den Service registrieren und einen Teil seiner persönlichen Daten preisgeben muss? Das macht für ihn nur Sinn, wenn er einen adäquaten Gegenwert für seine Leistung erhält. Man unterscheidet im Wesentlichen zwei Arten der Incentivierung, nämlich einen monetären Gegenwert (z. B. Geldbeträge oder Produktäquivalente) oder einem informativen Gegenwert (z. B. kostenfreien Premium Content, wie beispielsweise aktuelle SMS-Fußballergebnisse). Letztgenannte Variante birgt natürlich das Risiko, dass für eine konstante Werbeauslastung gesorgt werden muss, denn sporadische Fußballergebnisse werden vom Kunden nicht akzeptiert.

MindMatics geht mit Mr.AdGood deshalb den Weg der monetären Incentivierung, da diese sehr wohl sporadisch erfolgen kann. Kein Kunde erhält eine Garantie für eine Mindestanzahl von Werbungen. Falls eine Werbung ausbleibt, wird dieses Tatsache dann auch nicht als störend empfunden – ausbleibende Fußballergebnisse schon.

Polite

Der höfliche und unaufdringliche Umgang mit dem Nutzer ist ein weiteres Schlüsselelement in der MindMatics 4-P-Strategie. Schon bevor sich der Nutzer für einen werbefinanzierten Dienst oder für einen Paid Advertising Service anmeldet, möchte er sicher sein, dass seine Zustimmung für den Empfang von Werbebotschaften kein Freibrief zum Beschuss mit Werbung ist. MindMatics überlässt den Kunden nach Abschluss der Registrierung deshalb nicht der Willkür des Diensteanbieters, sondern fordert den Kunden zur Steuerung seiner gewünschten maximalen Werbefrequenz auf.

Ein kleines Feature, das jedoch sehr positiv von Kunden aufgenommen wird, ist die Urlaubsunterbrechung. Es gibt Zeiten, in denen der Nutzer nicht durch Werbung gestört werden möchte. Auch wenn die Möglichkeit der Unterbrechung nur einen psychologisch beruhigenden Effekt hat, die Funktion erfüllt ihren Zweck, mit dem Kunden einen höflichen und keinesfalls belästigenden Umgang zu pflegen.

Permitted

Voraussetzung für die Zustellung von werbefinanzierten mobilen Services oder reinen mobilen Werbeinformationen ist die Zustimmung des Absenders und in letzterem Fall die des Empfängers. Seth Godin (Godin, Seth: Permission Marketing: Turning Strangers Into Friends, and Friends into Customers, Simon & Schuster 1999) hat in seinem Buch das Fundament für das Prinzip des Permission Marketing gelegt. Die Zustimmung des Kunden sollte im mobilen Marketing in jedem Fall über ein „double-opt-in-Verfahren" erfolgen. Dies bedeutet, dass bei Web-Registrierung, d. h. Eingabe der Handynummer im Web, die Zusendung eines Passworts erfolgen sollte. Gibt der Nutzer dieses Passwort im Web ein, so ist er freigeschaltet. Das Verfahren eliminiert versehentlich oder absichtlich falsch eingegebene Handynummern, da nur der tatsächliche Handybesitzer die Freischaltung vollziehen kann.

„Permitted" bedeutet aber auch, dass der Kunde jederzeit seine Erlaubnis zum Erhalt von Werbe-SMS modifizieren bzw. zurückziehen kann.

Profiled

Die Anzahl, die Tiefe und die Qualität der Profile ist alles entscheidendes Kriterium für die Werbewirtschaft in der Nutzung mobiler Werbedienste. Die Anzahl, also die Reichweite der Zielgruppe, spielt speziell für regionale Kampagnen eine Rolle. Wer pro Region nicht 30000 bis 40000 Kontakte bieten kann, wird trotz Vorhandensein aller anderen Merkmale keine Großaufträge gewinnen können. Die Tiefe des Profils ist ein klassischer Gegensatz unterschiedlicher Wunschvorstellungen zwischen Nutzer und Werbetreibendem. Nut-

Ingo Lippert

zer sind an einfachen und kurzen Registrierungsprozeduren interessiert, wobei gerne die Fähigkeit des Systems getestet wird, falsche Angaben zu machen (Thema: Qualität). Werbetreibende sind selbstverständlich daran interessiert, Streuverluste zu minimieren und ihre gewünschte Zielgruppe exakt zu erreichen. Den Wünschen nach Nutzer-Attributen sind dabei kaum Grenzen gesetzt. Es geht also darum, einen sinnvollen Mittelweg zwischen Profiltiefe und zügigem Registrierungsprozess zu finden. MindMatics löst das Problem mit Mr.AdGood in folgender Art und Weise: Der Nutzer wird gebeten, ein Grundprofil von sich zu erstellen, wobei dies in ca. 5 Minuten ausgefüllt werden kann. Wenn gewünscht, kann der Kunde sein Profil verfeinern und dabei seine Chance erhöhen, mit einer Werbe-SMS berücksichtigt zu werden.

Qualität versus Quantität – was ist wichtiger? Beide Faktoren sind entscheidend und führen nur in Kombination zum Erfolg. Während Quantität die Pflicht ist, ist Qualität die Kür. Plausibilitätschecks, Validitätsprüfungen mit externen Datenbanken und im Geschäftsmodell verankerte Belohnung von korrekten Angaben sorgen für akkurate Profile. Mr.AdGood operiert mit einer Vielzahl von Prüfroutinen und sendet die monetäre Incentivierung ab Erreichen einer bestimmten Euro-Größe per Post zu.

Formen und Formate mobiler Werbung

Es lassen sich drei verschiedene Formen und zwei Formatkategorien mobiler Werbung unterteilen. Im Bereich der Formen unterscheidet man inhaltsorientierte, transaktionsorientierte, sowie responseorientierte mobile Werbung. Im Bereich der Formate unterscheidet man textbasierte und grafische Werbung. Als Sonderfeature im Bereich SMS kommt das Format der binären SMS zum Tragen.

Inhaltsorientierte Werbung

Zu den inhaltsorientierten mobilen Werbeformen zählen die Information-Channels, die zumeist von Werbetreibenden direkt angeboten werden, um den direkten Kundenkontakt als CRM-Lösung aufzubauen. Sponsored SMS, wie beispielsweise Kinonews etc., stellen eine weitere Form inhaltsorientierter Werbung dar, wobei Werbeinhalte als Sponsor-Nachricht angehängt werden. Im Bereich WAP sind die so genannten Interstitials zu nennen, die Kontext-bezogen vor Erscheinen des Contents für eine gewisse Zeit eingeblendet werden.

Transaktionsorientierte Werbung

Bei transaktionsorientierten mobilen Werbungen steht der Abverkauf bzw. die Transaktion im Vordergrund. Diese Form der mobilen Werbung enthält entweder Standard-Produktangebote oder auch Gutscheine bzw. Hinweise auf exklusive Discounts, die Online oder Offline eingelöst werden können. Der Vorteil der Gutscheincodes liegt in der Möglichkeit, exakt die Response zu messen. Zudem zeigt die Erfahrung, dass Gutschein-Aktionen die Response der Nutzer verdrei- bis vervierfachen.

Responseorientierte Werbung

Die gängigste Form mobiler Werbung ist die responseorientierte mobile Werbung, die Werbeinhalte nur teased, und den Nutzer zur Interaktion animiert. Die Teaserinhalte können dabei inhalts- oder transaktionsorientiert sein.

Als populäre Responsekanäle bieten sich an: SMS (Einblendung einer SMS Absendenummer), Call-Center (Einblendung einer Call-Center-Absendenummer), Web (Einblendung einer Web- oder E-Mail-Adresse im Werbetext).

Ingo Lippert

So gesehen kann sich der Werbetreibende unter diesen verschiedenen Formen mobilen Marketings diejenige aussuchen, die am besten zu verarbeiten ist. Insbesondere der SMS-Rückkanal ist zwar bequem und eliminiert den Medienbruch, erfordert aber eine entsprechende SMS-Inbound-Lösung, die die Handynummer ausliest und eine Transaktion anstößt.

Textbasierte Werbeformate

Das Standardübertragungsformat für SMS ist das Textformat. Damit lassen sich bis zu 160 Zeichen in einer SMS übertragen und entsprechende Werbeinhalte darstellen. Auf WAP gilt diese Beschränkung nicht. Dort lassen sich Textinhalte auf so genannten Microsites bis zu einer Größenordnung von etwas mehr als 1000 Zeichen darstellen.

Graphische Werbeformate

Das Wireless-Application-Protokoll, kurz WAP genannt, unterstützt auch die Ausgabe von Grafiken und simplen Animationen. Im Sinne der Lehre der Replizierbarkeit von Inhalten versprach die bildliche Darstellung natürlich höhere Erinnerungswerte als die textliche Darstellung. Trotz der Verheißung neuer Darstellungsmöglichkeiten scheiterte WAP an der geringen Penetration der Endgeräte, hohen Tarifen, langsamen Übertragungsraten und mangelhaften Inhalten. Ob die guten Ansätze, speziell im Hinblick auf die Werbewirtschaft, doch zu interessanten und effizienten Kampagnen führen, bleibt abzuwarten. GPRS in Verbindung mit WAP bietet hier einen neuen Hoffnungsschimmer.

Binäre Werbeformate

Binäre Werbeformate werden nur von einer bestimmten Gruppe von Handytypen unterstützt. Nokia und Sagem Handys lassen sich mit diesen codierten SMS auf unterschiedliche Arten umprogrammieren. Zu den populärsten binären SMS gehören Klingeltöne, Handylogos, Flash SMS und verkettete SMS. Die Zusendung solcher binären SMS erfordert jedoch die explizite nochmalige Zustimmung des Kunden, da sich mit Speicherung der SMS die Systemkonfiguration der Handys ändert. Trotzdem sind diese Formen der Werbung mit hohem Nutzwert für die Werbewirtschaft verbunden. Der Effekt ist ähnlich dem des Autoaufklebers, der für alle sichtbar eine gewisse Zeit am Automobil verbleibt. Ähnlich das Logo oder der Klingelton, der nicht sofort gelöscht wird, sondern für eine Zeit das Handy zu einem mobilen Werbeträger auch für Dritte werden lässt.

Kostenvergleich

Trotz der Originalität des neuen Werbeformates steht natürlich die Beurteilung der Effizienz, insbesondere der Cost Per Response (CPR) im Vordergrund. Hierbei ist der Sichtkontakt mit der Werbung sicherlich eine Messgröße, jedoch nicht die für diese Werbeform entscheidende. Es geht darum, den Empfänger der Werbebotschaft zu einer Aktion zu veranlassen. Dies könnte z. B. ein Anruf bei einem Call-Center oder ein Aufruf einer bestimmten Website sein.

Mobile Marketing versus Direkt-Mailings

Klassische Direkt-Mailings erzielen im Schnitt Responsequoten von circa 1 bis 2 Prozent. Der Tausender Kontakt Preis (TKP) für Direkt-Mailings liegt dabei durchschnittlich bei 1 200 Euro. Im Vergleich dazu liegt eine SMS oder WAP-Kampage an eine unprofilierte Zielgruppe in Bezug auf den reinen Sichtkontakt bei ca. 125 Euro. Dabei liegt die Response der SMS-Kampagne im Vergleich zu einer Standard Direkt-Mail-Kampagne schon um Faktor 2 bis 4 höher. Wird die Zielgruppe exakt über Filter extrahiert, steigt die Responsequote durchschnittlich um 25 bis 50 Prozent auf 10 Prozent und mehr.

Mobile Marketing versus Internet-Werbung

Werbetreibende, die sich dem Thema Mobile Marketing nähern, delegieren dieses Thema allzu oft in den Bereich des Online-Marketings. Dort ist diese Werbeform jedoch völlig falsch aufgehoben. Mobile Marketing erlaubt zielgerichtetes One-to-One-Marketing mit minimalen Streuverlusten. Insofern ist der Bereich des Dialog-Marketing primärer Ansprechpartner für das Thema. Um dennoch einen Effizienzvergleich mit dem Medium Web (Banner) heranzuziehen, können folgende Erfahrungswerte genannt werden. Eine Standard Banner-Kampagne erreicht im Schnitt eine Responserate von 0,5 Prozent, was einem CPR von ca. 5,5 Euro entspricht. Dem stehen CPR von circa 1,8 Euro für eine SMS Kampagne bei Mr.AdGood entgegen.

Wireless Advertising ist eine der kostengünstigsten Varianten des Direktmarketing.

	1000 Kontakte [Euro]	Response-Rate	Preis pro Response [Euro]
Direct Mailing	1200	1%	120
Bannerwerbung	30	0,55%	5,45
E-Mail-Marketing	240	7,5%	3,2
Mr.AdGood (non-profiled)	125	7%	1,8
Mr.AdGood (profiled)	175	10%	1,75

Abbildung 4:   Direktmarketinginstrumente im Vergleich
(Quelle: MindMatics AG, 2001)

Möglichkeiten der Effizienzmessung

Obwohl im Mobilfunk präzise Kontrollmechanismen zur Messung des Erfolgs einer Werbekampagne technisch möglich sind, lagen bisher kaum Daten zur Veröffentlichung vor. Oftmals sind die Nutzerzahlen viel zu gering. Der Markt sei zur Zeit noch zu jung und unerfahren und könne keine Ergebnisse vorweisen, so der derzeitige Tenor. Bei der MindMatics AG werden jedoch immer Werbekampagnen gefahren, die konkrete Vergleichszahlen bei den Rücklaufquoten einzelner Kampagnen liefern.

Hierzu gibt es unterschiedliche Instrumente und Mechanismen.

Web-Domain-Weiterleitung

Die Web-Domain-Weiterleitung ist eine einfache und zugleich exakte Methode zur Messung von Rückläufen insbesondere auf die Aussendung einer SMS-Werbebotschaft.

Hierzu wird eine „Dummy-Domain" registriert, beispielsweise www.shop-angebot.de, die auf die eigentliche Web-Page, beispielsweise www.shop.de weiterleitet.

Ein Benutzer, der die Webadresse der Dummy-Domain eingibt, gelangt somit über einen kleinen Umweg und ohne nennenswerte Verzögerung auf die www.shop.de Homepage.

Die Zahl der Personen, die sich über die Dummy-Domain auf das Internetangebot von „Shop" einwählt (Pagevisits), wird gemessen und zeigt, wie erfolgreich die Kampagne war: Der Quotient aus den Visits und der Anzahl der ausgesendeten SMS ergibt die Rücklaufquote.

Ingo Lippert

Subpage-Weiterleitung

Eine ähnliche Variante zur Messung der Rücklaufquote ist die Angabe einer Subpage, beispielsweise www.com-online.de/sms. Der Test ist weniger aufwendig als die Webdomain-Weiterleitung, da keine neue Domain registriert werden muss.

Es wird lediglich eine Subpage eingerichtet, die auf eine beliebige Page innerhalb von www.com-online.de weiterleitet. Diesmal ergibt der Quotient aus Visits auf der Subpage und der Anzahl der ausgesendeten SMS die Rücklaufquote.

Die Messung entspricht aller Voraussicht nach nicht ganz den tatsächlichen Werten, da einige Benutzer die Eingabe der Subpage-Adresse „/SMS-Subpage" umgehen werden und direkt auf www.com-online.de springen. In diesem Fall ist ein Aufschlag von 2 bis 3 Prozent auf die gemessene Rücklaufquote angemessen.

Beispielkampagne: „Com!Online"

Bei einer Kampagne der MindMatics AG mit der Computerzeitschrift „Com!Online" wurde genau diese Methode zur Effizienzmessung gewählt. 40 000 SMS wurden mit folgendem Text an alle verschickt, die bei Interessen ‚Internet' angegeben hatten: „Klingt wie ein unmoralisches Angebot: com!online – Ihr INTERNET-Magazin – 2-mal gratis testen und gewinnen! Einfach klicken unter www.com-online.de/sms".

Mit dieser Subpage-Weiterleitung konnte genau festgestellt werden, wie viele Nutzer sich aufgrund der verschickten SMS auf der WebSite registriert haben. Denn schließlich wissen nur diejenigen, die die Kurznachricht bekommen haben, dass diese Subpage überhaupt existiert. Und das Ergebnis lässt sich sehen: Diese SMS-Kampagne brachte „com!online" 1 200 Registrierungen. Umgerechnet entspricht dies einer Response-Rate von 3 Prozent. Konkret gesagt heißt das, dass 3 Prozent der Empfänger der Werbebotschaft ein Jahres-

Abonnement der Computerzeitschrift „com!online" abgeschlossen haben.

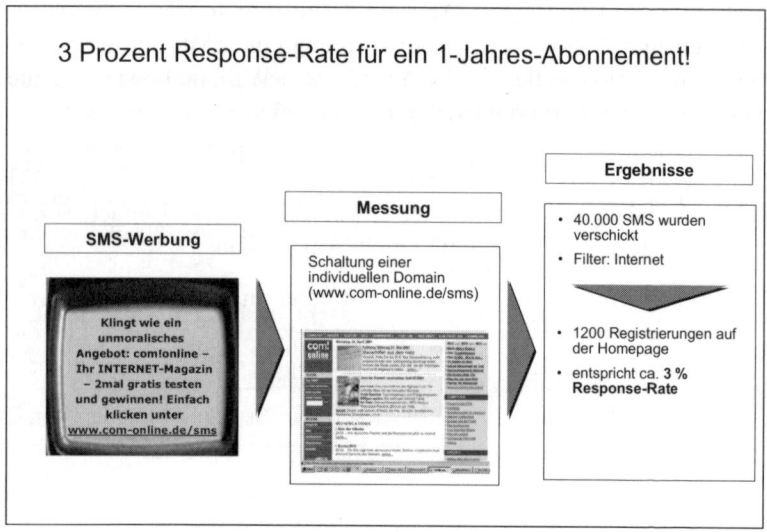

Abbildung 5:   Beispiel com!online (Quelle: MindMatics AG, 2001)

Call-Center-Kontakt

Steht dem Werbetreibenden ein Call-Center zur Verfügung, ist eine direkte Interaktion mit dem SMS-Empfänger möglich. Um einen Medienbruch zu vermeiden, wird als Absender die Telefonnummer des Call-Centers mit der Werbe-SMS verschickt, so dass der Empfänger durch Bestätigen der Rückruf-Option im SMS-Menü sofort mit dem Call-Center verbunden wird.

Die dort eingehenden Anrufe werden erfasst und ergeben im Vergleich zur Anzahl der ausgesendeten Werbenachrichten die Rücklaufquote.

Beispielkampagne: Direkt Anlage Bank

Die Direkt Anlage Bank (DAB) wählte für ihre Werbekampagne für ein günstiges Angebot zur Depoteröffnung eine SMS mit der Schaltung einer individuellen Call-Center-Nummer. 17 600 SMS ließ die DAB über die MindMatics AG an Studenten senden, die sich für Börsengeschäfte interessieren. Folgende 160 Zeichen beschreiben das Angebot der DAB: „Blitzmeldung! Noch bis zum 31.03.01 50 DM inkl. lebenslangem, kostenlosem Depot abkassieren. Einfach Rückruftaste drücken: 01802254503 Direkt Anlage Bank".

350 Registrierungen konnte das Call-Center auf diese SMS hin verbuchen, das entspricht einer Response-Rate von 2 Prozent. Für die Direkt Anlage Bank war dies der günstigste ‚Cost per Customer' (CPC), den sie je erzielten.

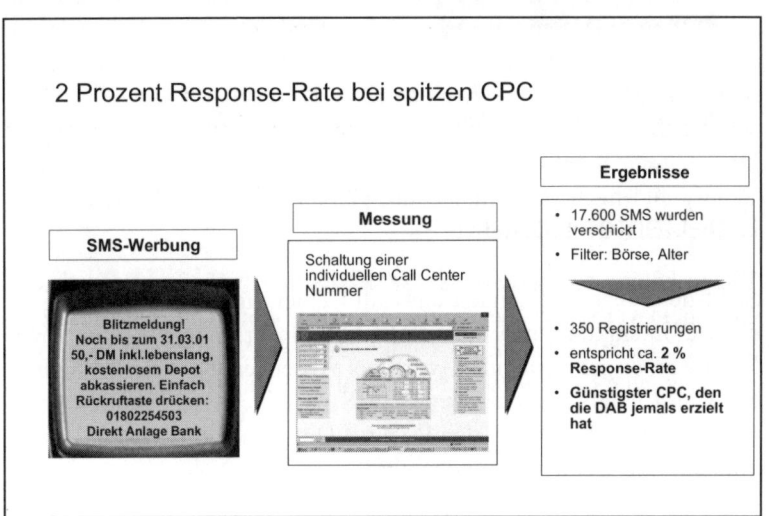

Abbildung 6:   Beispiel Direkt Anlage Bank
(Quelle: MindMatics AG, 2001)

Gutscheine

Speziell für den Einzelhandel eignet sich zur Effizienzmessung das Versenden von Gutschein-Codes, die mit einem Benefit für die Kunden verbunden sind. Diese für den Kunden attraktive Werbeform erhöht in der Regel nicht nur den Erfolg, sondern vereinfacht auch die Erfolgskontrolle erheblich.

Dabei werden mit der Werbenachricht spezielle Geschenkcodes verschickt. Das Verhältnis von verschickten und eingelösten Gutscheinen ergibt die Rücklaufquote.

Beispielkampagne: Vitago

Der Online-Drogerie-Shop „Vitago" (www.vitago.de) verschickte 5 000 Werbe-SMS mit ebenso 5 000 individuellen Gutscheincodes an zufällig ausgewählte Nutzer des Services der MindMatics AG. Dem Schnäppchen von 10 geschenkten DM, das ihnen mit folgendem Text schmackhaft gemacht wurde, konnten viele nicht widerstehen: „10 DM Geschenkgutschein bei www.vitago.de. Schönheit, Fitness, Beauty und mehr. Gutscheincode: 1234 1234 1234. Direkt einlösen unter ‚Meine Gutscheine'."

Vitago konnte aufgrund dieser SMS 418 Registrierungen mit diesem Gutschein verbuchen, was einer Response-Rate von 9 Prozent entspricht. Zusätzlich zählte der Online-Drogerie-Shop 91 abgeschlossene Order, eine Kaufrate von 19 Prozent aller Registrierungen.

Ingo Lippert

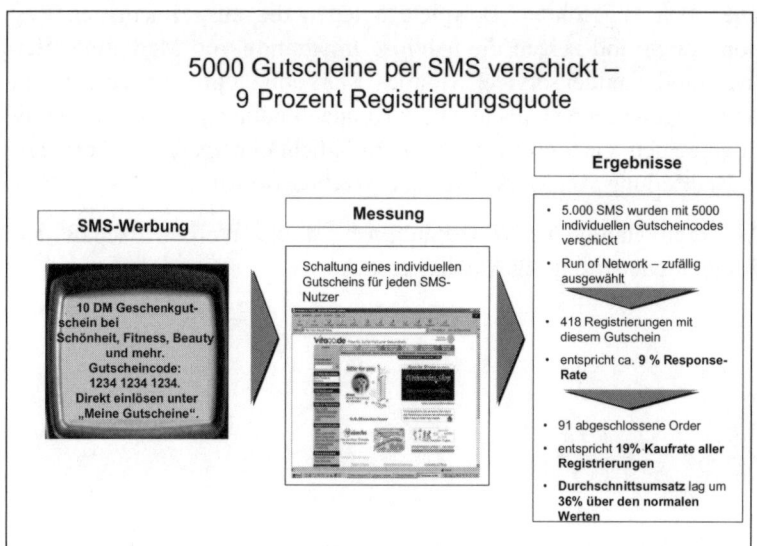

Abbildung 7:   Beispiel Vitago (Quelle: MindMatics AG, 2001)

Zusammenfassung

Mobile Marketing ist eine der attraktivsten und effizientesten Werbeformen in der heutigen Zeit. Der Vorteil des Mobilfunks als Werbemedium liegt auf der Hand: direkter Kontakt zur Zielgruppe, zu jedem Zeitpunkt und an jedem Ort. Die unterschiedlichen
Werbeformen können trotz gestalterischer Limitierungen eine interessante und zielkundenspezifische Werbebotschaft mit hoher Response-
rate transportieren.

Die MindMatics 4-P-Strategie, die das Thema Permission Marketing
weiter fasst, ist der Schlüssel zum Erfolg. Diejenigen Anbieter, die
sich strikt an die aufgeführten Prinzipien halten, werden auch langfristig erfolgreich sein, da der Kunde und nicht der Anbieter in den
Mittelpunkt des mobilen Marketings gerückt wird.

Mobile Marketing   79

Die oben angeführten Beispiele belegen die ausgezeichneten Responseraten und zeigen die nahtlose Integration von Marketing, Vertrieb und Kundenservice. Mobiles Marketing optimiert sowohl die Kundengewinnungs- als auch die Kundenbindungsprozesse, senkt die allgemeinen Vertriebskosten und ermöglicht eine exakte und effiziente Beurteilung von Marketing- und Werbeaktionen.

Mit dem Handy als Werbeplattform ist die Werbewirtschaft dem Kunden wieder ein Stück näher gerückt.

Ingo Lippert

Permission Marketing als Voraussetzung für Erfolg im crossmedialen Kundendialog

Torsten Schwarz

Einführung

Content ohne Management ist Chaos

Als Tim Berners-Lee 1990 am Genfer Kernforschungszentrum CERN 1990 HTML entwickelte, ahnte er wohl noch nicht welche Entwicklung er damit anstieß. Ursprünglich war die aus SGML (Standard Graphical Markup Language) weiterentwickelte Dokumentensprache HTML (Hypertext Markup Language) dazu gedacht, wissenschaftliche Dokumente nutzerfreundlich und bequem zu verwalten. In Verbindung mit dem von Netscape-Gründer Marc Andreessen 1993 mitentwickelten, einfach zu handhabenden Browser Mosaic wurde damit die Basis für eine völlig neue Art der Kundenkommunikation gelegt: das World Wide Web.

Waren es anfangs nur einige studentische Bewerber, die die Unternehmens-Homepages ansurften, so sind heute Webpräsenzen integraler Bestandteil der Unternehmenskommunikation. Eigene Online-Redaktionen wurden eingerichtet, um die Fülle der Informationen zu produzieren und zu verwalten. Content-Management Systeme kommen zum Einsatz, um das elektronische Publizieren zu unterstützen.

Immer mehr setzt sich jedoch die Erkenntnis durch, dass es wenig effizient ist, einerseits die Inhalte der Website zu verwalten, andererseits einen E-Mail-Newsletter zu produzieren und dann noch eine Kundenzeitung, einen Katalog sowie regelmäßige Mailings zu verfassen und all dies in unterschiedlichen Systemen zu tun. Um hier das Chaos zu vermeiden, setzen immer mehr Unternehmen auf eine zentrale Verwaltung von Inhalten, die für die Kommunikation mit Kunden verwendet werden.

Recycling ist ökonomisch sinnvoll

Hintergrund des zentralen Content Managements sind nicht zuletzt Synergien durch Mehrfachverwendung von einmal erarbeiteten Inhalten. Diese Inhalte werden zentral und medienneutral verwaltet und können für unterschiedliche Ausgabemedien spezifisch aufbereitet werden. Auf der technischen Ebene hat hier die Ablösung von HTML durch XML (eXtensible Markup Language) eine Palette neuer Möglichkeiten eröffnet. Aus dem gleichen Datenbestand können Webseiten in HTML erstellt werden sowie WAP-Seiten im WML-Format (Wireless Markup Language) für mobile Anwender. Ebenfalls können daraus sowohl E-Mail-Newsletter als auch die Schlagzeilen oder Überschriften für SMS versandt werden. Durch diese Mehrfach-Verwendung von Inhalten wird die Kundenkommunikation effizienter. Gleichzeitig können problemlos auch Fremdinhalte übernommen werden. Diese Content Syndication erlaubt genauso, dass eigene Inhalte an Fremdanbieter „verkauft" werden. Interessant wird dies, weil sich mit XML auch ein Billing-System abbilden lässt.

Informationsmüll verstopft die Kanäle – Kunden machen dicht

Betrachtet man angesichts der Chancen von Content Syndication einmal das Ergebnis aus Konsumentensicht, so bewegen wir uns

Torsten Schwarz

leider in eine Sackgasse. Immer mehr vermeintliche Informationen bombardieren den Durchschnittsbürger heute jeden Tag: Tageszeitung, kostenlose Werbezeitung, Anzeigenzeitungen, Werbebriefe, werbefinanzierte Fachzeitungen, Kundenzeitungen (mit wirklich hochwertigen Beiträgen). Immer mehr wertvolle Informationen gibt es heute kostenlos. Tonnenweise wird Papier bedruckt, das keiner mehr liest. Kunden wollen keine Informationen mehr und winken ab. Cocooning, der Rückzug in die Ruhe und der Schutz vor Informations-Overflow und Informations-Overkill sind die Folgen.

Der Kunde wird König: Unternehmen müssen sich der Kundenmacht beugen

Es wird nicht nur immer schwerer, Kunden noch anzusprechen, Konsumenten werden auch mächtiger. Schnäppchenjäger und Smart Shopper nutzen die neuen Medien, um gezielt günstige Angebote aus dem Netz der Netze zu fischen. Beim Powershopping schließen sich Kunden zusammen, um gemeinsam Einkaufsmacht zu bündeln und günstigere Konditionen zu erreichen. Unzufriedene Kunden nutzen nicht nur Leserbriefe und Diskussionsforen, sondern gehen direkt auf Konsumenten-Portale, um Meinungen und Erfahrungen mit Produkten auszutauschen. Märkte werden zunehmend transparenter. Elektronische Infomediäre und Preisvergleichsmaschinen erleichtern den Anbieterwechsel. Intelligente Agenten durchforsten permanent das Netz im Auftrag des Kunden. Wer noch von Kunden registriert werden möchte, muss dafür bezahlen. Beim Verkauf von Adress- und Profildaten fordern Kunden, dass sie mit am Geschäft beteiligt werden. Anzeigen werden nur noch angesehen, wenn der Konsument auch Geld dafür bekommt. Pay-per-Surf-Angebote boomen ebenso wie SMS-Angebote für deren Empfang der Kunden Bonuspunkte erhält. Der Multimedia-Experte Henry Steinhau hat den treffenden Begriff der „Konsum-Kompetenz" für die erstarkten Konsumenten geprägt. Doch was hat dies nun mit Crossmedia zu tun? Kunden werden sich das ständige Bombardement von Konsum-„Information" nicht bieten lassen: Quantität muss durch Qualität ersetzt werden. In der Attention-Economy ist die Aufmerksamkeit von Kunden ein Rohstoff, dessen Wert beständig wächst. Wie beim Gold sind die Ressourcen begrenzt. Mehr als 16 Stunden hat ein Mensch, der acht Stunden schläft, nicht zur Verfügung. Der Kampf darum, als Unternehmen in diesen 16 Stunden wahrgenommen zu werden wird ständig härter.

Dialoge können nicht erzwungen werden: Permission Marketing

Gerade weil der Kampf um Neukunden immer härter wird, setzen Unternehmen alles daran, bestehende Kunden zu halten. Kundenbindung und Beziehungsmanagement sind das Gebot der Stunde. Gezielt wird der Customer-Lifetime-Value ermittelt, um besonders profitable Kundensegmente bevorzugt anzusprechen. Customer Ownership ist das Ziel der Bestrebungen nach mehr Kundenloyalität. Das beste Mittel für gute Beziehungen sind regelmäßige Kontakte. Immer mehr Unternehmen stampfen Kundenbindungsprogramme aus dem Boden und malträtieren ihre besten Kunden mit wirklich wert- und gehaltvollen Kundenzeitschriften, die trotzdem oft ungelesen im Papierkorb landen. Der einfache Grund dafür ist, dass es zwar einfach ist via Multichannel-Marketing Kunden auf allen Kanälen anzusprechen, aber die wenigsten Systeme bisher dem Kunden erlauben, selbst zu bestimmen, welche Botschaft er auf welchem Kanal an welchem Ort zu welchem Zeitpunkt empfangen möchte. Nur diese erwünschten Botschaften jedoch werden in Zukunft jedoch „ankommen". In diesem Beitrag werden Möglichkeiten vorgestellt, den Kunden selbst zu Wort kommen zu lassen, um Crossmedia zur Verbesserung der Kundenbeziehung einzusetzen.

Torsten Schwarz

Outbound-Kommunikation: Crossmedia im Direktmarketing

Gerade im Direktmarketing wird heute gefordert, dass nicht mehr die einzelnen Kanäle getrennt voneinander gesehen werden, sondern ein integriertes Marketing stattfindet. Vernetzte Markenführung über alle Kommunikationskanäle hinweg ist das Schlagwort. Somit ergibt sich die Notwendigkeit einer zentralen, medienneutralen Bereitstellung von Inhalten, die für die unterschiedlichen Kanäle medienadäquat angepasst werden können.

Kunden bestimmen das Werbemedium selbst

Im Zeitalter von Permission Marketing funktioniert die Kundenkommunikation nicht mehr so, dass der Marketingleiter bestimmt, mit welchem Medium Botschaften vom Empfänger konsumiert werden. Kunden bestimmen stattdessen selbst, welche Information sie auf welchem Kanal empfangen wollen. Auch im elektronischen Zeitalter findet viel Informationsfluss über Zeitungen statt. Zusatzinformationen und Details werden über Websites abgerufen (Pull-Technologie). Massenmedien, wie Radio und TV können ebenfalls vernetzt werden mit interaktiven Anwendungen wie dem WWW, E-Mail oder SMS. Klassische Direct Mails per Briefpost werden immer stärker personalisiert. Kataloge werden zum Teil nicht mehr als Massensendungen, sondern als individualisierter Digitaldruck versandt. Elektronische Kataloge ergänzen Printinformationen und verschaffen die Möglichkeit einer Echtzeit-Verfügbarkeitsabfrage über die integrierte Datenbank. Der direkte Zugriff auf unterschiedliche Contenttypen, wie medienneutrale Bilder, Inserate, Preislisten der Logos wird möglich. Detailinformationen können per PDF-Download abgerufen werden und sind sofort verfügbar. Kundenzeitungen werden ergänzt durch elektronische Mailings und E-Mail-Newsletter mit Direktverbindung zur Unternehmens-Website oder E-Commerce-Angeboten von Partnern (Affiliate Networks). Nicht zuletzt gibt es noch die Auswahlmöglichkeit des direkten Telefonkontakts oder den Besuch eines Außendienstmitarbeiters.

Customer Interaction Center: Kunden sitzen selbst im Cockpit

Genauso wie ein Pilot ein Flugzeug vom Cockpit selbst steuert, können Kunden Ihren Kontakt zum Unternehmen steuern. Permission Marketing bedeutet, dass der Kunde die Werbekampagnen lenkt, indem er die Erlaubnis zu Marketingaktionen erteilt. So kann ein Webformular entworfen werden, auf dem ein Interessent unterschiedliche Themen ankreuzen kann, die ihn interessieren. Die Informationen werden dann an eine beliebige E-Mail-Adresse gesandt. Dieser Kontakt kann auch anonym sein, wenn der Kunde dies wünscht und sich eine anonyme E-Mail-Adresse bei einem der vielen kostenlosen Anbieter besorgt hat. Ist jedoch erst das Vertrauen da, nicht mit sinnloser Werbung zugeschüttet zu werden, kann ein Kunde jederzeit seine Permission erweitern und vielleicht doch seinen Namen verraten, weil es unbefriedigend ist immer mit „Guten Tag Herr X" angesprochen zu werden. Ebenso kann die Postadresse direkt vom Kunden selbst eingegeben werden und von diesem auch gepflegt werden. Diese Form des „Customer Self Service" spart Kosten und führt – ausreichendes Kundenengagement vorausgesetzt – dazu, dass der Datenbestand auch immer aktuell gepflegt ist.

Mit zunehmenden Möglichkeiten der Kundenkommunikation fordern Kunden sogar proaktiv diese Form der informationellen Selbstbestimmung. Schon jetzt gibt es Websites, auf denen Kunden bequem konfigurieren können, mit welchem Medium sie zu welchen Themen in welcher Frequenz informiert werden wollen. Interessensmarketing nimmt an Bedeutung zu.

Torsten Schwarz

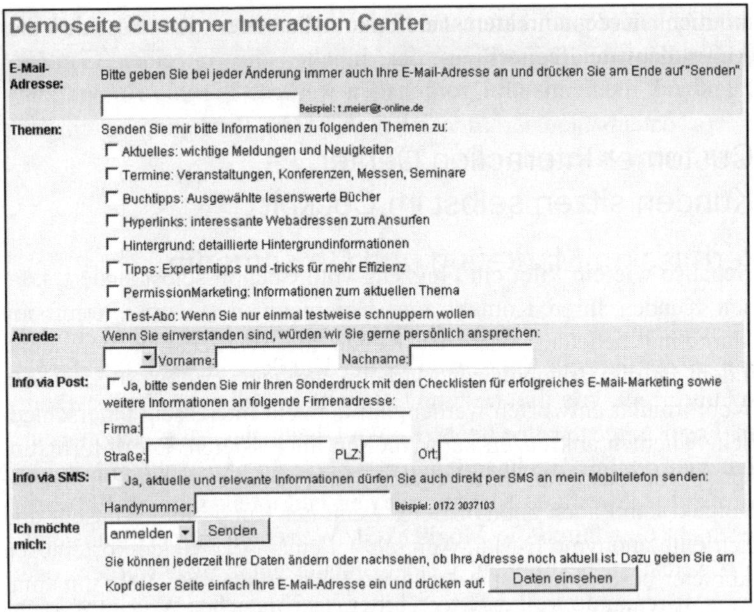

Demoseite Customer Interaction Center

E-Mail-Adresse: Bitte geben Sie bei jeder Änderung immer auch Ihre E-Mail-Adresse an und drücken Sie am Ende auf "Senden"

Beispiel: t.meier@t-online.de

Themen: Senden Sie mir bitte Informationen zu folgenden Themen zu:

- Aktuelles: wichtige Meldungen und Neuigkeiten
- Termine: Veranstaltungen, Konferenzen, Messen, Seminare
- Buchtipps: Ausgewählte lesenswerte Bücher
- Hyperlinks: interessante Webadressen zum Ansurfen
- Hintergrund: detaillierte Hintergrundinformationen
- Tipps: Expertentipps und -tricks für mehr Effizienz
- PermissionMarketing: Informationen zum aktuellen Thema
- Test-Abo: Wenn Sie nur einmal testweise schnuppern wollen

Anrede: Wenn Sie einverstanden sind, würden wir Sie gerne persönlich ansprechen:

Vorname: Nachname:

Info via Post: Ja, bitte senden Sie mir Ihren Sonderdruck mit den Checklisten für erfolgreiches E-Mail-Marketing sowie weitere Informationen an folgende Firmenadresse:

Firma:

Straße: PLZ: Ort:

Info via SMS: Ja, aktuelle und relevante Informationen dürfen Sie auch direkt per SMS an mein Mobiltelefon senden:

Handynummer: Beispiel: 0172 3037103

Ich möchte mich: anmelden Senden

Sie können jederzeit Ihre Daten ändern oder nachsehen, ob Ihre Adresse noch aktuell ist. Dazu geben Sie am Kopf dieser Seite einfach Ihre E-Mail-Adresse ein und drücken auf: Daten einsehen

Abbildung 1: Beispiel eines einfachen Customer Interaction Center, bei dem Kunden selbst bestimmen können, welche Informationen sie auf welchem Kanal erhalten

Medienadäquate Darstellung sichert Erfolg

Es reicht nicht mehr aus, eine Homepage zu haben. Diese muss auch kundenorientiert aufgebaut sein. Nutzerführung, Navigation und Usability sind die Forderungen an modernes Website-Management. Wer nicht mit einem Klick findet, was er sucht, ist als potenzieller Kunde verloren, weil er bereits weggeklickt hat. Wenn in einem Web-Angebot Detailinformationen nicht verfügbar sind oder erst per Post auf Anfrage zugesandt werden, wird bei der Konkurrenz weitergesucht. Wer in einem elektronischen Mailing nicht sofort sagt, wo der Kundennutzen liegt, erhält Responseraten, die niedriger sind als der Blutalkoholwert eines Volltrunkenen. Im Zeitalter des Information-Overflows ist es ein absolutes Muss, die spezifischen Regeln des jeweiligen Kommunikationsmediums zu beachten. Dazu gehört die medienadäquate Darstellung der Inhalte, die in einer Content-Datenbank medienneutral vorgehalten werden. Digitale Kompatibilität von datenbankgenerierten Inhalten ist die Forderung an ein solches Content Management.

Permission Marketing und Crossmedia

Die medienneutrale Bereitstellung von Content ist schon allein deshalb in Zukunft ein Muss, weil es der Kunde sein wird, der die Erlaubnis erteilt, von ihm bestimmte Inhalte in einer von ihm bestimmten Form entgegenzunehmen. Konkret heißt das, dass schon heute eine gute Online-Buchhandlung nur noch die Auswahl präsentiert, die für den jeweiligen Kunden relevant und interessant ist. Entweder geschieht dies durch die Möglichkeit, Webseiten zu personalisieren, d. h. selbst zu bestimmen, welche Inhalte eingespielt werden, oder durch sogenannte kollaborative Filter. Bei manchen Websites kann der Kunde nicht nur die Inhalte wählen, sondern gleich auch noch das Layout oder die farbliche Gestaltung. Im Zeitalter des Digitaldrucks können entsprechend auch personalisierte Kataloge erstellt werden oder natürlich elektronische Newsletter. In jedem Fall ist es jedoch der Kunde, der fordert, dass auf seine individuellen Wünsche eingegangen wird. Es wird nur noch der Content akzeptiert, zu dem auch die Erlaubnis erteilt wurde. Unerwünschter und unangeforderter Informationsmüll muss durch systematisches Content Management vom Kunden ferngehalten werden, um ein hohes Akzeptanzniveau aufzubauen und zu halten.

Multichannel-Marketing mit neuen Medien

Allein mit Print-, TV- und Online-Werbung wird es in Zukunft nicht getan sein. Neue Ausgabemedien ergänzen die Berieselung des Konsumenten mit Werbeinformationen. Ambient-Media-Werbung versucht den Kunden auch da zu überraschen, wo er es am wenigsten erwartet oder wo bis zuletzt noch die letzten werbefreien Zonen waren. Golflöcher, Tankstellenzapfhähne und Toilettenwerbung sind Beispiele. Beim Adver-Phoning akzeptiert der Kunden die Werbung, um dafür billiger zu telefonieren. Der gesamte Hometainment-Bereich wird in Zukunft an Bedeutung gewinnen, wenn mehr Endgeräte vernetzt und damit für externe Botschaften erreichbar sind. Denkbar sind beispielsweise werbefinanzierte Spielkonsolen, die kostenlos abgegeben werden. Der Homegear als Empfangmedium kann ebenso eine Rolle spielen wie Organizer, Smartphones, Watchphone etc. Vernetzte Haushaltsgeräte wie Mikrowellenöfen mit Web-Display oder Kühlschränke mit integriertem Warenwirtschaftssystem werden als Empfanggeräte am „Point of Consumption" in der Lage sein, Marketingbotschaften auszustrahlen. Attraktivität besitzen diese Geräte, weil sich damit Closed Loop Marketing realisieren lässt: Nicht nur die Responserate von Werbung lässt sich messen, sondern die Interaktivität vernetzter Endgeräte erlaubt gleich auch die echte Bestellung, so dass präzise der CPO (Cost per Order) von Kampagnen gemessen werden kann. Auch Digitales Fernsehen wird hier in Zukunft eine Rolle spielen. Eventuell führt auch die zunehmende Medien-Konvergenz zu völlig neuartigen Multifunktionsgeräten.

Mobile E-Commerce: das richtige Angebot am richtigen Ort

Unter den bereits genannten neuen Endgeräten sind bereits einige, die über keine fest installierte Leitung zum Internet mehr verfügen, sondern mobile Datenübertragungstechniken nutzen. So wie es bereits heute einen klaren Trend der Sprachkommunikation weg vom Festnetztelefon hin zum Mobiltelefon verzeichnen, wird dies auch für die Datenübertragung geschehen. Mobile Empfangsgeräte erlauben es, dem richtigen Kunden im richtigen Moment am richtigen Ort das richtige Angebot zu machen. Mikromarketing oder Geomarketing erlauben die Lokalisierung des Empfängers und die Zuordnung zu Segmenten ähnlichen Interesses. Wer in eine fremde Stadt kommt, erhält automatisch eine Liste nahegelegener Hotels mit freien Zimmern angezeigt. Nach dem Einchecken erhält er die Tagesangebote der Restaurants in der Umgebung. All dies funktioniert natürlich nur unter dem Aspekt des Permission Marketing: Der Kunde muss vorher sein Einverständnis dazu gegeben haben, welche Angebote er gerne haben werden möchte. Auch muss es jederzeit möglich sein, das eigene Interessensprofil wieder zu modifizieren. Insbesondere mobile Endgeräte sind jedoch hierzu prädestiniert, da sie es dem Nutzer erlauben, Ruhe- oder Wartezeiten dazu zu nutzen, das eigene Interessensprofil zu pflegen.

Die Frage, inwieweit bei der mobilen Datenkommunikation die erfolgreiche Killerapplikation SMS von neuen Techniken abgelöst wird, hängt sicher neben der Übertragungsgeschwindigkeit auch vom Tarifmodell ab. Das Wireless Application Protocol WAP ist eine bandbreitensparende Übertragungstechnik, die in Verbindung mit GPRS und UMTS sicher interessantere Möglichkeiten bietet, als mit der klassischen GSM-Technik. Von Bedeutung für die Qualität des Angebots wird sicher der offene Zugang für unterschiedliche Content-Anbieter zu den Portalen der Netzbetreiber sein.

Inbound-Kommunikation: Dialogangebote medienunabhängig annehmen

Der Dialog mit Kunden und Interessenten spielt eine immer entscheidendere Rolle im Wettbewerb. Wer sich schlecht behandelt fühlt, wechselt zur Konkurrenz. Das äußere Erscheinungsbild einer Marke wird zunehmend durch das gelebte Verhalten der Mitarbeiter bestimmt. Nicht mehr plumpe Werbesprüche über freundliche Mitarbeiter, sondern die real erlebte Servicequalität bestimmt den bleibenden Eindruck eines Unternehmens. Customer Relationship Management bedeutet nicht zuletzt, dass sämtliche Customer Touch-

Torsten Schwarz

points einer Überprüfung standhalten müssen. Was hilft die beste Firmen-CI, wenn jeder Mitarbeiter eine andere Signatur unter seinen E-Mails hat.

Crossmedia betrifft auch den Kundenservice

Ruft ein Kunden heute in einem Unternehmen an, erhält er häufig ein professionelles Call-Center, das auf viele Fragen kompetent antworten kann. Schreibt er an das gleiche Unternehmen eine E-Mail, kommt oft lange keine Antwort und oft eine unbefriedigende. Grund dafür ist, dass Prozesse nicht miteinander vernetzt sind und kein medienneutrales Wissensmanagement betrieben wird. Steht dagegen eine zentrale Wissensdatenbank zur Verfügung und werden Telefonanrufe und eingehende E-Mails zentral von einem Call-Center bearbeitet, so lassen sich Synergien nutzen und die Servicequalität verbessern. Die Antworten auf Kundenfragen können medienneutral verwaltet werden, stehen aber als Textbausteine für E-Mails wie für Briefe sowie als Telefontext zur Verfügung.

Crossmedialer Dialog kann Kosten sparen

Zu jeder Zeit und auf jedem Kommunikationskanal für Kundenanfragen zur Verfügung zu stehen, gehört zu den Forderungen der Dienstleistungsgesellschaft. Call-Center sind eine effiziente Maßnahme, um dem zu begegnen. E-Mails können dagegen, wenn Sie wenig strukturiert sind, sehr hohe Bearbeitungskosten verursachen. FAQ-Listen (FAQ = Frequently Asked Questions), also Listen mit Antworten auf die am häufigsten gestellten Anfragen, sind eine sehr kostengünstige Variante der Beantwortung von Anfragen. Es gibt vielfältige Möglichkeiten, die Kommunikationskanäle zum Unternehmen zu steuern. Sei es die Telefonwarteschleife, die auf die Supportmöglichkeiten der Website hinweist, oder die Website, die eine Reihe von automatisierten Beratungsangeboten bereitstellt. Datenbankgenerierte halbautomatisierte Antwort-E-Mails bringen ebenso eine Effizienzsteigerung wie der Einsatz einer entsprechenden Wissensdatenbank. Diese Informationen können dann auch in einem One-to-One-Dialog zur Verfügung gestellt werden, wobei Avatare oder Chatbots zum Einsatz kommen können. Ebenso ist aber auch ein Dialog via Handy und SMS denkbar und machbar, um beispielsweise einen Flug umzubuchen oder eine Verspätung anzukündigen. Kunden wählen den Customer Touchpoint, der zu ihnen und zu der jeweiligen Anfragesituation passt, selbst. Customer Interaction Center erlauben es den Kunden, ihr eigenes Kommunikationsprofil einzustellen – und das alles ohne zusätzliche Personalkosten.

Mehr Service und Kundenorientierung durch E-Services

Customer Interaction Center sind ein effizientes Mittel, einerseits den Kunden selbst den crossmedialen Dialog zu steuern zu lassen und andererseits Komponenten des Customer Self Service zur Kosteneinsparung zu realisieren. E-Services sind Serviceangebote, die nur aufgrund der hohen Automatisierung bei der elektronischen Kommunikation realisierbar sind. Paketdienste bieten mit Track-and-Trace Echtzeit-Auskunft über den Lieferstatus. In Online-Shops konfigurieren sich Kunden ihre Produkte selbst. Speed Services, also Dienste, die sich durch die besonders schnelle Erledigung von Aufgaben auszeichnen, gewinnen an Bedeutung. Kunden wollen alles jederzeit und am besten sofort. Dies bedeutet in vielen Fällen eine Herausforderung an Crossmedia, weil eine Anfrage über mehrere Systeme hinweg ohne Zeitverlust abgearbeitet werden muss. Service Bots übernehmen die automatische Annahme und Bearbeitung von Anfragen. Call-Buttons beziehungsweise Computer-Telefonie-Integration erlauben den Medienwechsel zu schnellen und bequemen Rückfrage bei Unklarheiten. Zu den Ausgabegeräten für Serviceanfragen gehören in Zukunft neben Telefonen sicher auch neue SMS-, WAP- oder GPRS-Empfangsgeräte wie PDAs Pager oder das Autoradio.

Torsten Schwarz

Ausblick

One-to-One: das Ende der Massen-kommunikation

Eine der größten und bisher am wenigsten gelösten Herausforderungen ist echtes One-to-One-Marketing. Noch ist es in der Realität extrem komplex, dem richtigen Kunden die richtige Botschaft zukommen zu lassen, wenn die klassischen Pfade der Segmentierung verlassen und der Einzelkunde wirklich individuell angesprochen werden soll. Data-Mining-Technologien stoßen angesichts der Komplexität der Datenquellen schnell an Grenzen. Trotzdem hält der Trend zur Fragmentierung von Märkten weiter an. Insbesondere an Crossmedia werden hier neue Forderungen kommen: Nicht nur die richtige Botschaft an den richtigen Kunden, sondern diesen auch noch wählen lassen, auf welchem Kanal er diese Information erhalten möchte. Die Zahl der Variablen wächst und damit die Komplexität.

Handsignierte Einzelanfertigung

Nachdem Henry Ford die Effizienzsteigerung durch Fließbandeinsatz demonstriert hat, stehen wir nun vor der Herausforderung, neue Technologien zu nutzen, um jedem Kunden wieder seine maßgeschneiderte Einzelanfertigung zu produzieren. In der Produktpolitik wird hier mit Versioning versucht, durch eine Vielfalt von individualisierten Produktversionen personalisierte Produkte zu erzeugen. Kollaborative Filter dienen dazu, ähnliche Kaufmuster zu vergleichen und darauf Cross-Selling-Angebote zu entwickeln. Eine weitere Form des Mass Customization sind personalisierte Webseiten, eine einfache Form des individualisierten digitalen Produkts. Die Herausforderung für Crossmedia wird dann darin bestehen, auf der Basis dieser Informationen personalisierte Print-on-Demand-Produkte herzustellen. So kann sich jeder Versandhauskunde seinen individuellen Katalog selbst zusammenstellen. Vielleicht bekommt auch bald jeder Fluggast oder Bahnfahrer bei entsprechender Vorausbuchung seine ganz persönliche Ausgabe der Kurzausgabe einer Wirtschaftszeitung gereicht.

Peer to Peer: Werbetreibende müssen um Erlaubnis bitten

Eine zunehmende Rolle spielt in Zukunft nicht nur die direkte Kommunikation zwischen Unternehmen und Kunden, sondern auch zwischen Kunden. Virales Marketing ist die Bezeichnung dafür, dass sich Marketingbotschaften auch ohne gesteuerte Aktionen quasi durch Mund-zu-Mund-Propaganda weiterverbreiten. Elektronische Medien machen dieses „Weitersagen" sehr viel einfacher, bequemer und schneller. Eine solche Möglichkeit sind Digital Audio Postcards (DAP). Diese elektronischen Postkarten können an Freunde weitergereicht werden, die sie dann wiederum weiterreichen. Online Communities oder virtuelle Gemeinschaften bestimmen in Zukunft selbst, ob sie Werbetreibenden den Zutritt erlauben oder nicht. Consumer-to-Consumer-Portale, Diskussionsforen und Meinungsportale sind solche Formen der Gruppenbildung, wo Werbetreibende eher unerwünscht sind.

Customer Touchpoint Management: Aufmerksamkeit wird immer wertvoller

Immer mehr Wert wird es in Zukunft sein, dass Kunden sich noch die Zeit nehmen, mit einem Unternehmen zu kommunizieren. Umso wichtiger ist es, bestehende Kontakte zu verbessern, zu intensivieren und vor allen Dingen systematisch auszuwerten. Wissensmanagement, WebMining und die Analyse mit Künstlicher Intelligenz spielt bei der Betrachtung elektronischer Kontakte eine zunehmende Rolle. Die Mensch-Maschine-Schnittstelle wird durch Usability-Tests und

Torsten Schwarz

Clickstream-Analyse systematisch optimiert. Experiental Marketing und das Markenerlebnis stehen im Wettstreit mit der reinen Funktionalität. Instinktive Software wird entwickelt, eine lernende Kundenbeziehung entwickelt und über Closed Loop Marketing präzise gemessen, welche Marketingkampagnen den niedrigsten CPO (Cost per Order) haben.

Neue Informations- und Kontakt-Kanäle

Während manche noch über Sinn und Unsinn der New Economy/Old Economy-Differenzierung diskutieren, entwickeln andere bereits die ideale Brick-and-Click-Kombistrategie. Online-Marktplätze, E-Markets, Hubs, vertikale und horizontale Portale sind sicher bald nicht mehr wegzudenken. Menschen reagieren jedoch am liebsten auf echte, reale, greifbare Dinge. Erlebniseinkauf setzt sich durch, vielleicht kombiniert mit einer Ergänzung durch Mobile Business. Reiner Online-Handel ist Convenience Shopping. Ergänzen ließe sich dies durch Home Order Television, um die Erlebnisarmut des Internet zu ergänzen. Gerade hier sind völlig neue Chancen für Crossmedia denkbar, wenn Produktvorführungen in TV, am POS und vielleicht noch auf Abruf im Internet bereitstehen.

Am Ende nur individualisierte vereinsamte Zombies?

Die Frage, ob Personalisierung von Content zu einer totalen Fragmentierung von Märkten und einhergehender totalen Individualisierung von sozial verarmten Zombies führt, kann wohl mit einem klaren Nein beantwortet werden. Zwar begegnen einem immer mehr stille Menschen, die konzentriert über die Anzeige ihres Mobiltelefons gebeugt durch öffentliche Räume wandeln. Dennoch wird das Urbedürfnis des Menschen nach Kommunikation und insbesondere Anerkennung dazu führen, dass ein Kanal bei Crossmedia immer der wichtigste bleiben wird: der Mensch, der zu Menschen redet. Bleibt nur zu hoffen, dass die Quelle der Informationen eines Verkäufers nicht irgendwann ein eingepflanzter Mikrochip sein wird, dessen Kommunikationsinhalte durch eine medienneutrale Datenbank gespeist wird.

Glossar

Billing – System System zur Abrechnung von Leistungen

Brick-and-Click – Unternehmenskonzepte, die bewährte Konzepte klassischer Unternehmen mit den Möglichkeiten interaktiver Online-Technologien verbinden

Cocooning – Trend zum Rückzug ins Private

Homegear – Gerät zur Steuerung vernetzer Haushaltsgeräte

Hubs – Aggregationspunkte von E-Business-Anwendungen unterschiedlicher Unternehmen

Track and Trace – Online-Bereitstellung von Statusmeldungen wie beispielsweise dem Lieferstatus von Paketen

Versioning – Herstellung personalisierter Produkte durch Produktdifferenzierung

Torsten Schwarz

Direktmarketing per E-Mail – Chancen auf neue Zielgruppen

Volker Wiewer

Die Palette der Möglichkeiten, wie Unternehmen heute auf ihre Produkte aufmerksam machen können, weitet sich kontinuierlich aus. Neben Fernsehen, Radio und Printmedien gewinnt das Internet in den letzten Jahren als Werbemedium einen immer höheren Stellenwert. Die Umsätze steigen atemberaubend schnell. Wurden 1997 in Deutschland 10 Millionen Euro für Online-Werbung ausgegeben, so waren es im Jahr 2000 bereits 225 Millionen. Für 2003 sagt die Prognos AG einen Umsatz von 875 Millionen Euro voraus. Ähnlich optimistisch sind die Prognosen auch für andere europäische Länder und die USA – so das einhellige Ergebnis aller bisherigen Einschätzungen. Lange Zeit kam daran kein Zweifel auf.

Ende des Wachstums?

Derzeit driften die Prognosen jedoch auseinander. Erstmals erheben sich auch Stimmen, die der Online-Werbung ein Ende des Wachstums und sinkende Umsätze prophezeien. In einem Interview vom April 2001 sieht Kevin Ryan, Chef des weltweit größten Online-Werbevermarkters DoubleClick, einen Rückgang der Umsätze um 20 Prozent voraus: „Im Moment müssen nur wenige Unternehmen für ihre Börsengänge laut klappern, und die meisten Dot-Coms haben ohnehin kaum noch Geld. Sind die Konten leer, werden die Marketing-Ausgaben als Erstes gestrichen oder gekürzt." Innerhalb des ersten Quartals 2001 habe es in den USA einen Anzeigenrückgang um 30 Prozent gegeben (siehe Studie Merill Lynch). Ein Grund zur Sorge ist die Tatsache, dass sich bis heute viele der deutschen Großunternehmen bei der Internet-Werbung stark zurückhalten, wie die Fachzeitschrift Market im Dezember 2000 berichtete. Nicht sehr hoffnungsvoll stimmt eine Umfrage von eMind@emnid, dem Onlineforschungszweig des Marktforschungsinstituts TNS Emnid. Zwischen dem 25. und dem 29. Januar 2001 wurden 1.015 Internetnutzer nach den Vor- und Nachteilen des Netzes befragt. 40 Prozent der Onliner empfinden die Werbung im Internet zunehmend als störend. Diese Ablehnung bezieht sich vornehmlich auf immer aufdringlicher blinkende Banner, deren Klickraten kontinuierlich abnehmen.

Die neue Hoffnung – Direktmarketing per E-Mail

Große Chancen werden zurzeit dem E-Mail-Marketing eingeräumt, und das zu Recht: Fast zwei Drittel der deutschen Online-Nutzer versenden wöchentlich mehr als fünf E-Mails. Der elektronische Postversand ist damit die am häufigsten genutzte Anwendung des Internets – das ergab eine repräsentative Umfrage von eMind@emnid vom Februar 2001.

Aber auch diese Form der One-to-One-Kommunikation ist nicht unumstritten. 70 Prozent der Surfer erhalten mindestens einmal pro Woche unerwünschte E-Mail-Werbung. Kaum eine Werbeform ist unter den Internet-Nutzern so verhasst wie dieses so genannte Spamming, das zudem rechtliche Probleme aufwirft. E-Mail-Marketing ist also nicht gleich E-Mail-Marketing – Differenzierungen sind notwendig.

Damit vollzieht sich im Bereich der elektronischen Postsendungen der gleiche Prozess wie in der Direktmarketing-Branche insgesamt. Nicht nur unerwünschte E-Mails, sondern auch ebensolche Reklame-

Volker Wiewer

sendungen, Faxe, Anrufe oder gar Vertreterbesuche erzeugen zunehmend Unmut in der Bevölkerung. Diese Negativ-Auswüchse haben ihren Grund in der undifferenzierten Vorgehensweise vieler Anbieter. Einige glauben immer noch, den größten Erfolg erzielen zu können, wenn sie ihre Botschaften möglichst weit streuen – Kasse durch Masse. E-Mail-Adressen können auf CDs in großen Mengen eingekauft und genutzt werden, um Werbebotschaften zu versenden. Dies ist nicht nur datenschutzrechtlich bedenklich sondern auch kontraproduktiv, geht es beim Direktmarketing doch um einen nachhaltigen Dialog zwischen Unternehmen und Konsumenten.

Individualität statt Anonymität

Angesichts der Entwicklung neuer interaktiver Kommunikationsmöglichkeiten fordert Diana Janssen, Analystin bei Forrester, von den Anbietern auf dem Werbemarkt eine stärkere Anpassung an den Konsumenten: „Um das ganze Potenzial der Interaktivität ausschöpfen zu können, muss sich die Werbebranche von liebgewonnenen Gewohnheiten trennen. Anstatt wie in herkömmlichen Werbekampagnen allzu oft verschiedene Zielgruppen über einen Kamm zu scheren, müssen interaktive Szenarien mit interaktiven Medien abgestimmt werden."

Direktmarketing per E-Mail ist ein idealer Weg, um den Bedürfnissen der Konsumenten individuell entgegenzukommen. Viele sagen der E-Mail-Werbung eine große Zukunft voraus. Diese Erwartungen werden sich aber nur erfüllen, wenn sich die Anbieter auf die Stärke des E-Mail-Marketing, den interaktiven Kundenkontakt, konzentrieren und auf anonyme Massenansprache verzichten.

Eine These: Kein Marketing ohne E-Mails

Der Werbemarkt ist in Bewegung. Wohin wird die Entwicklung gehen? Wie ist es unter verschärften Wettbewerbsbedingungen möglich, sich mit einem Produkt neu am Markt zu positionieren oder zusätzliche Marktanteile zu gewinnen? Die Antwort lautet: E-Mail-Marketing als fester Bestandteil im Marketing-Mix ist die einzige Chance, neue Zielgruppen zu erschließen. Kein Weg ist heute geeigneter, um potenzielle Kunden individuell anzusprechen und dauerhafte Kundenbeziehungen herzustellen. Diesen Trend zu verpassen, könnte fatale Auswirkungen für ein Unternehmen haben.

Die Internet-User als Zielgruppe des E-Mail-Marketing

Woher rekrutieren sich die neuen Zielgruppen, die durch E-Mail-Marketing erschlossen werden sollen? Zunächst gilt: Alle Internet-User gehören zum Adressatenkreis. Seit 1997 ermittelt die GfK-Langzeitstudie Online-Monitoring zweimal jährlich demographische Daten über die Internet-Nutzer in Deutschland und ihre Gewohnheiten. Das Ergebnis ist aussagekräftig: Von 1997 bis Anfang 2001 steigerte sich der Anteil der Bevölkerung zwischen 14 und 69 Jahren (bis 2000: zwischen 14 und 59 Jahren), der regelmäßig im Internet surft, von zehn auf 46 Prozent. Das Internet hat sich als Kommunikations-, Informations- und Transaktionsmedium etabliert.

Auch die Häufigkeit der Nutzung hat sich signifikant erhöht: Immer mehr Surfer sind täglich im Netz (Anfang 2001: 27 Prozent), ein immer größerer Anteil der täglichen User verbringt dort mehr als zwei Stunden (Anfang 2001: 15 Prozent). Insgesamt sind pro Woche 35 und täglich 21 Prozent der Bevölkerung online, durchschnittlich an 4,6 Tagen pro Woche und 63 Minuten pro Tag.

Diese Entwicklung wird jedoch von den Unternehmen bislang ignoriert – zu ihrem eigenen Schaden. Wenn die Werbetreibenden ihre potenziellen Kunden weiterhin erreichen wollen, müssen sie verstärkt im Netz werben. Bereits heute verbringen die Amerikaner neun Prozent ihrer für Mediennutzung reservierten Zeit im Web. Im Vergleich dazu ist der Anteil von zwei Prozent, der innerhalb der Mediabudgets auf Online-Werbung entfällt, bei weitem zu gering.

Der Trend zur Individualisierung

Ein weiteres Ergebnis der GfK-Studie betrifft die demographische Zusammensetzung der Internet-Surfer. Zwar sind immer noch mehr Jüngere als Ältere, mehr Männer als Frauen und proportional mehr Menschen mit Universitätsabschluss und hohem Einkommen im Netz, aber die Zahlen belegen, dass die bisher unterrepräsentierten Gruppen aufholen und die Strukturen der Internet-Nutzer sich immer mehr an die der Bevölkerung annähern. Aus diesen Daten allein können die „neuen Zielgruppen" noch nicht genauer identifiziert werden, sind doch alle gesellschaftlichen Schichten und Gruppen unter den Onlinern vertreten. Was also unterscheidet diese vom Rest der Bevölkerung? Was macht sie für die Werbewirtschaft so interessant? Eine Vermutung: Es reicht heute nicht mehr aus, die Menschen über ihre Zugehörigkeit zu einer statistisch fassbaren Zielgruppe zu definieren. Der Mensch als Individuum muss in den Mittelpunkt der Überlegungen treten.

Nahezu alle etablierten Institutionen unserer Gesellschaft – unter anderem Parteien, Gewerkschaften und Kirchen – klagen in letzter Zeit darüber, dass immer weniger Menschen bereit sind, sich festzulegen und ein verbindliches Engagement zu übernehmen. Seit Ende der sechziger Jahre schmelzen die traditionellen Milieus ab. Der Einzelne definiert sich heute immer weniger über seine Herkunft aus einer bestimmten Gesellschaftsschicht und steht mehr denn je vor der Herausforderung, sein Leben ohne Vorgaben von außen zu gestalten.

Dabei kommt es vermehrt zu biografischen Brüchen. Als Bastel- oder Patchwork-Biografien bezeichnen Soziologen dieses Phänomen. Begriffe wie Enttraditionalisierung, Pluralisierung, Differenzierung und vor allem Individualisierung gehören mittlerweile zu den soziologischen Standards für die Beschreibung der neueren gesellschaftlichen Umbrüche. Immer weniger lassen Daten wie Alter, Geschlecht, Herkunft, Bildungsgrad oder Einkommen einer Person Rückschlüsse auf ihre Lebensgewohnheiten zu.

Das Internet als das Medium der individualisierten Gesellschaft

Mehr als alle anderen Medien spiegelt das Internet diesen Trend zur Individualisierung wider und fördert ihn. Es eröffnet jedem die Möglichkeit, sich je nach Interesse persönlich über wichtige Themen zu informieren und ohne Vermittlung (und Selektion) durch Verlagshäuser oder Sendeanstalten die eigene Meinung kundzutun. „Generell wird das Internet erheblich zur kulturellen Pluralisierung und Individualisierung unserer Gesellschaft beitragen und vielleicht dafür sorgen, dass ein größerer Bevölkerungsanteil als in allen bisherigen Gesellschaften zu den – im weitesten Wortsinne – ‚kulturell produktiven' Schichten zählt" – so der Züricher Soziologieprofessor Hans Geser, der sich in den letzten Jahren intensiv mit den gesellschaftlichen Auswirkungen des Internets auseinandergesetzt und seine Studien – konsequenterweise – online veröffentlicht hat (vgl. www.socio.ch oder www.geser.net). Seiner Ansicht zufolge wird diese Entwicklung spürbare Auswirkungen auf traditionelle Massenmedien wie Straßenplakate, Presse, Radio und Fernsehen haben. Während diese als typische Push-Medien die Bevölkerung mit unzähligen (Werbe-)Botschaften bombardieren und nur Einwegkommunikation erlauben, basiert das World Wide Web auf der Pull-Technologie: Der Nutzer selbst entscheidet, welche Informationen er sich „heranzieht". Zweifellos wird es auch weiterhin sinnvoll sein, Basisinformationen über neue Produkte durch konventionelle Medien

Volker Wiewer

zu verbreiten, um eine Massenwirkung zu erzielen. Ergänzend dazu wird das Internet in Zukunft jedoch eine zunehmend wichtige Rolle spielen, weil es Möglichkeiten bietet, zielgenau Botschaften für bestimmte Interessengruppen zu lancieren. Die höchste Kunst wird darin bestehen, die Werbeformen geschickt miteinander zu kombinieren: Auf den richtigen Marketing-Mix kommt es an.

Die neuen Zauberworte: Interessen marketing und Permission-Marketing

Das Internet eröffnet hochdifferenzierte Kommunikationswege. Im Netz bilden sich Communities, die den Surfern Raum für Informations- und Erfahrungsaustausch bieten. Nicht Alter, soziale Herkunft oder Bildungsstand sind Hauptkriterien für die Gruppenbildung, sondern gemeinsame Anliegen und Interessen. Von daher bergen die Communities für Unternehmen, die innerhalb exakt definierter Gruppen werben wollen, ein nicht zu unterschätzendes Potenzial. Targeting lautet das Stichwort: die zielgenaue, personalisierte Ansprache des (potenziellen) Kunden. Im Umfeld von Themen, die exakt seinen Interessen entsprechen, ist er viel offener für Werbebotschaften, als wenn diese wahllos auf ihn losgelassen werden. An die Stelle der klassischen Zielgruppen treten die Interessengruppen. Deshalb ist es in diesem Zusammenhang sinnvoll, von Interessenmarketing zu sprechen.

Die Zustimmung des Adressaten ist dabei unverzichtbar: Über ein Opt-In-Verfahren gibt er einem Anbieter die Erlaubnis, ihm regelmäßig auf seine Interessen zugeschnittene Informationen zu senden. Ausschließlich der Empfänger befindet darüber, zu welchen Themen, wie lange, wie oft und über welche Kanäle er Produktinformationen bekommen will. Für diese Art von Werbung hat sich der Begriff Permission-Marketing herausgebildet. Der freie Entschluss des Kunden ist entscheidend für den Erfolg. Ein Mausklick muss genügen, um die Erlaubnis rückgängig zu machen. Dementsprechend müssen die Mails attraktiv gestaltet sein und einen tatsächlichen Mehrwert für den Empfänger bieten. Nur wenn dieser das Gefühl hat, dass er persönlich angesprochen und ernst genommen wird und dass es nicht nur darum geht, ihm für Dinge, die er nicht braucht, Geld aus der Tasche zu ziehen, entsteht eine langfristige, von Vertrauen geprägte Kundenbeziehung.

Newsletter und Discussiongroups – ideale Foren für Interessenmarketing

Die bereits zitierte eMind@emnid-Umfrage vom Februar 2001 ergab, dass sich 80 Prozent der deutschen Onliner per Newsletter regelmäßig über spezielle Themen auf dem Laufenden halten lassen. Zahlreiche Unternehmen versenden regelmäßig eigene Newsletter, um die Kunden mit nützlichen Informationen über Produkte zu versorgen und neue Kunden langfristig zu binden. Damit sich der gewünschte Erfolg einstellt, sind jedoch einige Regeln zu beachten: Auf garantiert positive Reaktionen wird der Newsletter nur bei denen stoßen, die ihn abonniert und dadurch persönliches Interesse signalisiert haben. Die Mails sollten außerdem nur solche Informationen und Angebote enthalten, die der Empfänger als nützlich und relevant empfindet – penetrante, inhaltsarme Firmenwerbung ist tabu.

Dialogischer ausgerichtet sind die so genannten Diskussionslisten oder Discussiongroups, in denen sich der Verbraucher selbst zu Wort melden kann. Geht es im Newsletter vorwiegend um die Sicht des Unternehmens, so steht hier der Kunde mit seinen Bedürfnissen im Vordergrund. Durch die Gesprächsbeiträge erhalten die Unternehmen wertvolle Anregungen, um verstärkt auf Kundenwünsche einzugehen und dadurch ihr Angebot zu optimieren. Sie halten unmittelbaren Kontakt zu den Endverbrauchern und können an wichtigen Diskussionen über unternehmensrelevante Themen teilnehmen, die sich andernfalls irgendwo im Internet abspielen würden, möglicherweise, ohne dass sie selbst davon erführen.

Volker Wiewer

Portale machen es vor

Neben den Angeboten, die von den Unternehmen selbst bereitgestellt werden, ist im Internet eine breite Palette von privat initiierten News-lettern, Diskussionsforen und Mailing-Listen entstanden, in denen sich Anzeigen für klar umrissene Zielgruppen zielgenau platzieren lassen. Da es jedoch kein zentrales Verzeichnis der deutschen News-letter gibt, ist der Markt höchst unübersichtlich. In diesem Zusammenhang gewinnen Plattformen immer stärker an Bedeutung. Sie fassen unzählige Gruppen zusammen und gliedern sie nach Themen-bereichen.

Ein Beispiel für solch ein Portal ist domeus.com. Diese europäische E-Mail-Community zählt in Europa über acht Millionen registrierte Nutzer. Unter 13 thematischen Haupt- und zahlreichen Unterkategorien haben sich mittlerweile über 35.000 verschiedene Diskussions- und Interessengruppen organisiert – segmentiert nach ca. 600 Zielbegriffen. Je nach Zielgruppe kann der Werbetreibende seine Anzeigen innerhalb einer Hauptkategorie (z. B. Freizeit & Reisen), eines Segmentes (z. B. Auto & Motorrad) oder einer einzelnen Gruppe (z. B. smart & friends Bayern) schalten. Die Werbebotschaften werden mit Hilfe einer eigens entwickelten Adserver-Technologie mit den entsprechenden Newslettern bzw. Diskussionsbeiträgen verknüpft und interessengruppenspezifisch per E-Mail an die Abonnenten verschickt. Seit einiger Zeit bietet domeus.com einen weiteren Service an: mit V@lueMail können Mitglieder ihre spezifischen Interessengebiete markieren – sie haben Auswahl zwischen 15 Themenbereichen – und erhalten darauf regelmäßig Warenproben, besondere Angebote und Informationen über neue Produkte. Dabei handelt es sich um Permission-Marketing in Reinform. Während im Fall der Newsletter die Werbung – je nach Interesse des Abonnenten – den „eigentlichen" Informationen hinzugefügt wird, bestellt sie der Endverbraucher hier direkt. Der Kunde erhält also eine maßgeschneiderte Information in Werbeform, während der Werbetreibende sehr hohe Responseraten (gemessen wurden 7 bis 13 Prozent) im Vergleich zum klassischen Offline-Direktmarketing erzielen kann. Diese neue

Werbeform wird damit richtungweisend für die Werbewirtschaft. Hier ein Beispiel wie eine solche Werbebotschaft aussehen könnte:

Abbildung 1:   V@lueMail von domeus.com

Zukünftig plant domeus, die Themenbereiche noch weiter zu differenzieren und somit noch stärker auf individuelle Interessen einzugehen.

Was haben der Tante-Emma-Laden und das Internet gemeinsam?

Jeder erinnert sich noch an den Tante-Emma-Laden um die Ecke. Für die etwas höheren Preise, die man dort bezahlen musste, bekam man eine Gegenleistung. Da die Ladenbesitzerin mit den Einkaufsgewohnheiten und Vorlieben ihrer Kunden vertraut war, konnte sie genau auf deren Wünsche eingehen und ihnen individuelle Angebote machen. Zwar sind in den letzten Jahrzehnten viele dieser Läden eingegangen, geblieben ist jedoch das Bedürfnis nach persönlicher Ansprache. Wurde die enge Kundenbindung durch die anonyme Werbung in den Massenmedien Fernsehen und Radio lange Zeit unterlaufen, so bietet nun das Internet die Möglichkeit, direkte Beziehungen zwischen Unternehmen und einzelnen Kunden wiederherzustellen. In der Werbungssprache nennt man dieses Konzept One-to-One-Marketing.

Während die klassischen Marketingstrategien auf Kundensegmente ausgerichtet sind, kommen mithilfe der Computer-Technik Einzelpersonen ins Blickfeld. E-Mail ist das Werkzeug des One-to-One-Marketers schlechthin, weil es wie kein anderes Medium einen schnellen, unmittelbaren Dialog und ein gegenseitiges Kennenlernen unterstützt. Im Unterschied zu klassischen Mailings kann dem E-Mail beispielsweise ein Hyperlink zugefügt werden. Auf der einen Seite erhält der Leser eines Newsletters dadurch Zugriff auf weitere umfangreiche Informationen. Auf der anderen Seite lässt sich anhand seines Klickverhaltens ein genaueres Profil seiner Interessen erstellen, das wiederum im nächsten Newsletter Berücksichtigung finden kann.

Kontrolle ist gut, Vertrauen ist besser

Im Idealfall wächst mit jedem Kontakt die Bereitschaft des Kunden, weitere persönliche Daten preiszugeben. Anders als bei Diensten, die einmalig durch einen Online-Fragebogen Kundenprofile erheben, ohne zu wissen, ob die Befragten auch wahrheitsgemäß antworten, werden auf diese Weise valide Daten generiert. Im Laufe eines langfristig orientierten Dialogs lässt sich das Kundenprofil ständig verfeinern. Der Werbungtreibende hat die Möglichkeit, in einem dynamischen Prozess seinen Marketing-Mix den individuellen Gegebenheiten anzupassen.

Unverzichtbare Voraussetzung für das Gelingen solch einer 1:1-Beziehung ist Transparenz und absolute Offenheit vonseiten des Werbeträgers. Noch glauben viele deutsche Surfer nicht an Datenschutz im Internet: Nur 28 Prozent von ihnen halten das systematische Sammeln von individuellen Verbraucherdaten für legitim – so das Ergebnis einer im März 2001 veröffentlichten Umfrage der MediaTransfer AG Netresearch & Consulting. Der kleinste Verdacht des Datenmissbrauchs kann ein sich anbahnendes Vertrauensverhältnis empfindlich stören.

Neue Dimensionen

Der Hauptvorteil des interessenzentrierten E-Mail-Marketing liegt zweifellos in der Ermöglichung optimal qualifizierter, individualisierter Kontakte mit dem Kunden. Aber auch andere Vorteile sind nicht zu unterschätzen:

Interessenmarketing ist schnell. Angesichts des geringen Produktionsaufwandes und der vereinfachten Einsatzplanung vermindert sich die „time to market" erheblich. Daher ist diese Werbeform in besonderem Maße für die Ankündigung spezieller Angebote und zeitnah anstehender Anlässe geeignet.

Volker Wiewer

Interessenmarketing erlaubt Erfolgskontrolle. Jeder Klick auf einen Hyperlink wird protokolliert und ermöglicht damit eine exakte Responsemessung. Der Marketer kann jederzeit einen genauen Überblick über die Wirksamkeit seiner Werbung gewinnen.

Interessenmarketing hat einen hohen Wiedererkennungswert. Auch wenn der Leser einer E-Mail das betreffende Produkt aktuell nicht braucht, so wird er sich bei Bedarf mit hoher Wahrscheinlichkeit an das Angebot erinnern und darauf zurückgreifen.

Interessenmarketing ist erfolgreich. Während die Responseraten bei Bannern unter einem Prozent und bei Werbebriefen zwischen ein und zwei Prozent liegen, reagieren auf E-Mail-Newsletter zehn bis 15 Prozent der Leser.

Fazit: Ein engagierter Kunde ist ein wertvoller Kunde

Die Gesellschaft ist in Bewegung. Ein Individualisierungsprozess ist im Gange, dessen Folgen noch nicht absehbar sind. Klassische soziodemographische Daten wie Alter oder Einkommen haben einen immer geringeren Wert für die Ausrichtung des Marketing. Rapide wächst die Zahl derjenigen, die sich bewusst der allgegenwärtigen Berieselung durch unspezifische und damit unerwünschte Werbebotschaften entziehen und ihr Leben an individuellen Interessen ausrichten. Herkömmliche Werbung versagt gegenüber diesen Menschen.

Der Kunde wird mächtiger, mündiger und engagierter. Er ist nicht mehr bereit, sich gegenüber den unzähligen Angeboten, mit denen er tagtäglich bombardiert wird, passiv zu verhalten. Er will nicht mehr beworben, sondern bedient werden. Er hat genug davon, vom Markt beherrscht zu werden, und strebt danach, selbst den Markt zu bestimmen. Diese Entwicklung des Kundenprofils muss sich für die Unternehmen nicht nachteilig auswirken. Hans Peter Brondmo stellt in seinem Buch „The Engaged Customer" (New York, 2000) sogar die These auf, dass ein engagierter Kunde in Zukunft ein besonders wertvoller Kunde sein wird.

Angesichts dieser Entwicklung stehen traditionelle Marketingstrategien auf dem Prüfstand. Bei den „engagierten Kunden" handelt es sich um keine „Zielgruppe" im konventionellen Sinn, sondern um einen Sammelbegriff für Individuen, die sich immer schwerer in vorgefertigte Schemata einordnen lassen. Mindestens ein Merkmal verbindet sie jedoch: Sie sind am besten über das Internet zu erreichen. 89,5 Prozent der Leser des Fachmagazins cybiz.de sind davon überzeugt, dass sich die Beziehung zwischen Anbietern und Kunden durch das Internet nachhaltig verbessern lässt – so das Ergebnis einer Umfrage von Anfang 2001. Doch auch Online-Werbung wird langfristig nur zum Erfolg führen, wenn sie alle Möglichkeiten ausschöpft, um die Kundenbeziehungen zu personalisieren und den Einzelnen in den Blick zu nehmen. Interessenmarketing per E-Mail stellt eine ideale Methode dar, solche qualitativ hochwertigen Beziehungen aufzubauen, und darf deshalb im Marketing-Mix der Zukunft nicht fehlen.

Sicherlich wird es unter den veränderten Bedingungen mühsamer und zeitintensiver sein, neue Kunden zu gewinnen und bestehende Beziehungen zu pflegen. Durch das Engagement entsteht jedoch eine wirkliche Win-Win-Situation – und gewinnen wollen wir doch alle!

Volker Wiewer

Das Internet – ein Transaktionsmedium

Peter Schmandt

Neue Mediengattung Internet – ein Rückblick

Was wurde bei der Einführung des Internets nicht alles versprochen? Ein Segen für das Direktmarketing, One-to-One-Marketing in einer neuen Dimension, der Weltmarkt zu Füßen des Mittelständlers etc.

Was ist davon geblieben? Katerstimmung wie nach einer durchzechten Nacht! Halten wir doch einmal fest, was das Internet so revolutionär macht:

– Überwindung physischer Kommunikationsgrenzen

– Rückkanal ohne Medienbruch

– Schnelles Medium

– Messbarkeit der Werbewirkung

– One-to-One-Kundenansprache

Das alles soll jetzt nicht mehr gelten?

Ohne Zweifel besitzen diese Aussagen immer noch Gültigkeit. In der ersten Euphorie über die Chancen des Internets als Direktmarketinginstrument hat man jedoch andere neue, einschränkende Gesetzmäßigkeiten außer Acht gelassen. Außerdem hat man irrtümlicherweise das Nutzerverhalten aus den Anfangstagen des Internets auf die nachfolgende Zeit übertragen. Die dann zwangsläufig auftretenden Probleme wurden von einigen zum Anlass genommen, Onlinewerbung schlechthin in Frage zu stellen. Eine Fehleranalyse kann helfen, neue kreative Wege zu gehen, die auch den Gesetzmäßigkeiten bei der Nutzung dieses Mediums Rechnung trägt.

Überwindung physischer Kommunikationsgrenzen

Online-Kommunikation ist in der Lage den Verkaufsraum bis an den Schreibtisch jeden Computernutzers zu verlängern. Diesen Vorteil haben sehr viele Anbieter gleichzeitig erkannt. Es ist daher sehr schwer geworden für das nun weltweit verfügbare Angebot Aufmerksamkeit, geschweige denn Kundschaft, zu generieren.

Entscheidend für den Erfolg ist nicht nur der Aufbau eines Geschäfts und die damit verbundene technische Reichweite, sondern die Bekanntmachung und Platzierung des Angebots bei potenziellen Käufern. Das geschieht immer weniger mit dem bisherigen Online-Werbemittel Nummer eins: dem Banner. Insbesondere erfahrene Onlinesurfer verbringen Ihre Zeit immer gezielter mit ausgesuchten Nutzwert- und Unterhaltungsangeboten. Anders als Zeitschriften- und Fernsehnutzer akzeptieren sie viel weniger eine Unterbrechung durch Werbung.

Aufdringlichere Formate wie „Skyscraper" oder „Pop-ups" erreichen kurzfristig bessere Clickraten als Banner. Langfristig werden sie aber den Trend von zunehmender Werbeignoranz im Internet nur verstärken. Und außerdem: Neugierige, die sich über einen witzigen, unterhaltsamen Werbebanner, auf einer E-Commerce-Site verlieren, stellen wohl kaum eine dauerhaft solide Kundenbasis dar. Die gezielte Ansprache potenzieller Kunden ist effizienter und für beide Marktteilnehmer befriedigender.

Peter Schmandt

Rückkanal ohne Medienbruch

Es gibt kaum ein Medium, das so sprichwörtlich „auf Knopfdruck" Response auslösen lassen kann, wie das Internet.

Einige Werbebanner fordern sehr fintenreich zum Click auf. Der Banner teasert oft ohne inhaltlichen Bezug zur dann angeklickten Website. Der Werbungtreibende erreicht dennoch ausreichend „unerfahrene" Nutzer, die sein Angebot mehr oder weniger zufällig annehmen. Die Masse der übrigen und irritierten Nutzer hat kostbare Onlinezeit verschenkt. Dieser Nutzer – ihr Anteil steigt weiter – wird Onlinewerbung zukünftig eher ignorieren. Der insgesamt immer schwächer werdende Response führt zu neuen Formaten, wie den schon erwähnten „Pop-ups" oder „Skyscrapern" Diese stören den Nutzer noch stärker. Ein Teufelskreis entsteht. Schon jetzt bezeichnen laut Ipsos-Institut 40 Prozent aller Surfer Internet-Werbung als Störfaktor Nummer eins.

Die Anbieter von Onlinewerbeplätzen verweisen auf den ohne Zweifel vorhandenen Brandingeffekt. Diesen zu messen und nachzuweisen ist so aufwendig wie in den klassischen Medien. Internet wird so mit dem Fernsehen gleichgesetzt. Der Rückkanal, die eigentliche Stärke des Internets, bleibt obsolet. Vergleichbar mit einem Supermarkt, in dem Produkte nicht in die Hand genommen werden sollen, geschweige denn gekauft werden können. Und nicht zu vergessen: In den Disziplinen Format, Reichweite, TKP schneiden Onlinemedien meistens schlechter ab als die klassischen Medien.

So gesehen bleibt das Internet in erster Linie für die meisten Werbetreibenden ein Transaktionsmedium, bzw. ein die Transaktion direkt vorbereitendes Medium.

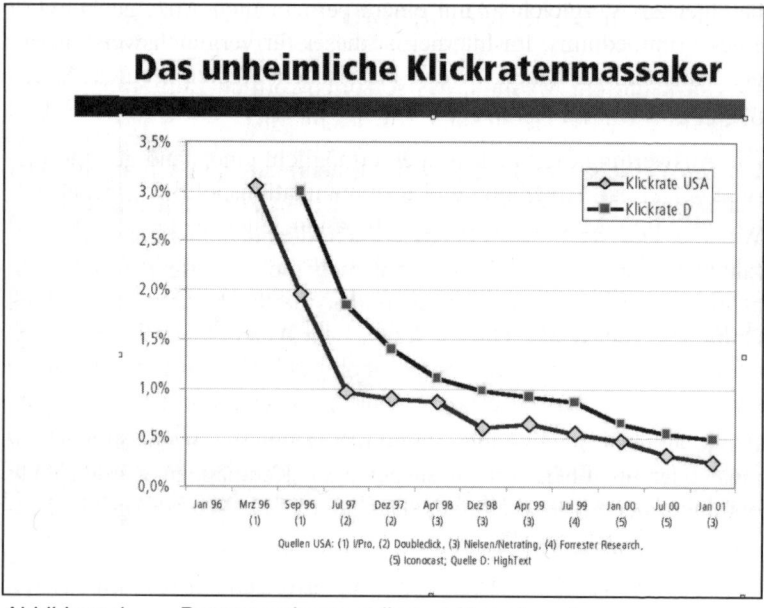

Abbildung 1:   Bannerwerbung verliert an Userakzeptanz

Erster Erfolgsmaßstab für erfolgreiche Online-Werbung kann daher nur Response sein, ganz konkret qualifizierter Response. Qualifizierter Response entsteht nur bei Kommunikation mit Zielgruppen, die auf dem Webangebot kurzfristig Umsatz generieren oder durch das Anfordern von Katalogen, Newslettern, Teilnahme an Gewinnspielen etc. mittelfristig nachweisbar umsatzrelevant werden.

Messbarkeit der Werbewirkung

Online-Kommunikation ist ein Paradies für Werbewirkungsforscher. Nach dem Click ist alles messbar. Der Einsatz eines Adservers und die Auswertung des Serverprotokolls lässt nicht nur Rückschlüsse auf Visits und Pageimpressionszahlen, sondern auch auf den Ablauf eines Surferbesuches, mögliche Abbruchmotive, Art des Responses, Herkunft des Besuchers nach Domain aufgeschlüsselt auf jeden Wer-

Peter Schmandt

beträger zu. Vergleichbar mit einem permanenten Anzeigencopytest eines Printmediums. Im Internet ist dieser für vergleichsweise geringen Aufwand zu haben, in den klassischen Medien werden Anzeigencopytests wegen des hohen Aufwandes nur selten durchgeführt.

Die Auswertung dieser Messdaten ermöglicht eine ständige Optimierung der Preis-, Angebots- und Kommunikationspolitk. Schwachstellen im AIDA-Markenvierklang (Attraction, Interest, Desire, Action) könnten aufgedeckt und damit mehr Transaktionen bei gleichbleibendem Kommunikationsaufwand erzielt werden. Werbemittel erhalten so optimale Responseraten, auf der Website findet sich der Nutzer sehr gut zurecht, begonnene Transaktionsprozesse werden zu Ende geführt.

Die Realtität bedeutet leider nur zu oft: Das Serverprotokoll wird gar nicht oder nur oberflächlich ausgewertet. Kampagnen werden nicht optimiert, der Erfolg bleibt aus. Das Internet als Werbeträger gerät in Verruf!

Schnelles Medium

Heute eine Kampagne geplant, die morgen „on air" ist und sofort Response liefert. Zwischendurch Werbemitteleinkauf, Werbemitteltest, Kampagnenoptimierung und ständige Kampagnenaktualisierung. Was sich bei Print und TV schon allein aus technischen Gründen über einige Wochen hinziehen kann, funktioniert im Internet binnen einiger Stunden. Aktuelle Kampagnen und kurzfristige Lagerabverkäufe sind außerdem ohne die üblichen Vorlaufkosten möglich. Wie noch erläutert wird, ist im Internet auch ein Abverkauf ohne tiefgreifendes Branding möglich. Die komplette AIDA-Kommunikationspalette lässt sich in einem Durchgang ohne Medienbruch abarbeiten.

Wie sieht aber die Realität für die Nutzer aus?

Bannerkampagnen laufen mit immer gleichen Motiven, oft über Monate hinweg. Die Möglichkeit einer aktuellen Ansprache bleibt ungenutzt, der Response sinkt. Mikrosites, bei denen der Teilnahme-schluss für die Gewinnspiele bereits abgelaufen ist oder deren Warenangebote vergriffen sind. Ist das Angebot aktuell, so führen nicht selten komplizierte Navigation, lange Ladezeiten und unklare, bzw. versteckte Aussagen zu den Liefer- und Zahlungsbedingungen zu hohen Abbruchraten und einem eingeschränkten Onlineerlebnis. Auch hier das nüchterne Ergebnis: sinkende Klickraten.

One-to-One-Marketing

Die durch Interaktion individualisierbare, persönliche Beziehung ist ein weiterer Trumpf des Internets. One-to-One-Marketing setzt Kundenwissen voraus. Mit Kundenwissen können Produkte angeboten werden, für die sich die angesprochenen Zielgruppen wirklich interessieren. Streuverluste werden vermieden. Conversionrates erheblich verbessert! Das Netz macht es erstmalig möglich, Kundenwissen aktuell und effizient zu aggregieren.

Und dieses Kundenwissen will auch eingesetzt werden, um entsprechende Erfolge zu erzielen. In Deutschland gibt es wenige Beispiele für eine erfolgreiche Umsetzung. Viele Unternehmen sammeln zwar Kundendaten, nutzen diese aber noch nicht in Ihrer werblichen Ansprache.

Weitere Begleitfaktoren

Trotz oder auch wegen der verfügbaren Daten ist eine Kampagne schwer zu planen. Dazu trägt das sich stetig verändernde Angebot bei. Täglich kommen neue Angebote in den Markt, beinahe monatlich verändern sich Tausendkontaktpreis (TKP) und Werbeumfeld. Die Abrechnung nach TKP lässt bei ständig wechselnden Werbeträgern, Werbemitteln und auch schwankenden Responsewerten keine zuverlässige Prognose nach Cost per Customer (CPC) oder Cost per Order (CPO) zu.

Peter Schmandt

Kleine Etats im unteren sechsstelligen DM-Bereich rechtfertigen kaum einen solch hohen Planungsaufwand. Nach Start des ersten und manchmal einzigen Kampagnenflights wird eine Optimierung oft gar nicht mehr vorgenommen.

Da wird der Wunsch der Werbungtreibenden verständlich nach Click Throughs (CT), oder Transaktionen abzurechnen. Das Risiko für kreativ mangelhafte Werbung, schwache Marken- und Produktpositionierung wird so ungerechtfertigter Weise auf die Werbeträger abgewälzt. Für redaktionell unabhängige Contentsites ist diese Abrechnungsbasis daher keine Lösung. Das trotzdem in einigen Fällen so verfahren wird, ist ein Indiz für den gewaltigen Angebotsüberhang im Markt. Für die Marktentwicklung ist es aber schädlich, da mit dieser Abrechnungsweise Fehlallokation verbunden ist. Das schadet langfristig sogar allen Beteiligten.

Zur bisherigen Praxis gehört auch, dass eine Integration der Onlinewerbung in die Gesamtkommunikation mit den entsprechenden Crossmedia-Effekten ist ebenfalls nicht garantiert ist. Onlinewerbung wird wegen der speziellen Regeln allzu gerne immer noch den Spezialisten überlassen, die manchmal Ihr eigenes Süppchen kochen.

Zusammenfassend lässt sich Folgendes sagen: Kaum ein anderes Medium mußte sich in so kurzer Zeit in einem Milliardenmarkt etablieren. Immer wieder neue Agenturen, neue Vermarkter, neue Werbeträger und neue Abläufe. Der Marktfindungsprozess wird so nicht vereinfacht.

Diese Rahmenbedingungen erschweren das Erlernen von Gesetzmäßigkeiten in der Onlinewerbung. Erfolge lassen länger auf sich warten. Das Internet als Werbeträger ist jedoch noch lange nicht ausgereizt!

Mit den Stärken des Internets arbeiten

Permission Marketing

In Zukunft gilt es um so mehr die Stärken des Internets zu nutzen:

Ein Ansatz lautet Permission Marketing. Das klassische Marketing ist darauf angelegt, Zielgruppen beim Medienkonsum (Fernsehen, Radio, Printmedien) oder auch sonst (Plakate etc.) mit Werbebotschaften zu unterbrechen bzw. zu stören. Auch im Internet ist Bannerwerbung nichts anderes als Störerwerbung. Wie schon geschildert, sind Frequenz und Platzierung immer weniger verträglich für die Konsumenten. Ganz aktuell ist bei der Einführung von einem Friseur-Sender in Deutschland von „escape-free Werbe-TV" die Rede. Es ist einleuchtend, dass trotz immer höherer Werbespendings der Werbeerfolg nicht mehr mithalten kann.

Eine Permission bzw. die Erlaubnis, als Grundlage für jede weitere Kommunikation wird dem Rückkanal des Internets gerecht. Es gibt kein anderes Medium, welches die Erlaubniseinholung in dieser Frequenz und Tiefe so effizient zulässt.

Die Nutzer geben nur dann Daten von sich preis, wenn Sie dafür einen Vorteil erhalten. Im werblichen Kontext können das Botschaften sein, deren Empfang für sie relevant und gewinnbringend ist. Dabei möchten sie – anders als bei der „klassischen Werbung" – Herr des Prozesses bleiben. Das heißt, sie möchten Art und Frequenz der Werbebotschaften selbst beeinflussen. Seth Godin schreibt in seinem Buch „Permission Marketing": Die Botschaften müssen erwartet, persönlich und relevant sein. Dabei ist das Prinzip nicht neu. In meinem Lieblingsplattenladen ist die Empfehlung des Verkäufers, der meinen Musikgeschmack kennt, doch auch von mir erwartet, persönlich und relevant! Was ist also neu?

Peter Schmandt

Neu ist es über das Internet mit großen Zielgruppen *effizient* im Sinne des Permission Marketing kommunizieren zu können. Das Internet liefert hierzu die technischen Voraussetzungen.

Permission Marketing ist jedoch nicht gleichzusetzen mit Internet Werbung. Miles&More oder Payback sind Marken aus der Offline-Welt, die ebenfalls mit Permission Marketing arbeiten.

Permission Marketing im Internet ist wiederum nicht gleichzusetzen mit E-Mail-Marketing. Beispielsweise wird jeder erneute Besuch eines Surfers auf der Amazon-Site mit Buchangeboten gespickt, die Amazon aus meinem bisherigen Kauf- und Suchverhalten ableitet.

j-point

j-point (www.j-point.de) ist ebenfalls ein Permission Marketing-Anbieter im Internet. Auch j-point kommuniziert nicht über E-Mails, sondern mit bildschirmfüllenden, tonanimierten Flash-Spots. Hat sich der Nutzer einmal mit seinem Profil registriert, erhält er auf seinem Rechner – ohne das Surfverhalten zu beeinträchtigen – einen kurzen Flash-Spot zum Abruf bereit aufgespielt. Auf Abruf heißt: Ein kleines Icon in der ständig sichtbaren Toolbar am unteren Rechnerbildschirm, das er auch ausblenden kann, blinkt dezent. Ein Klick und der Nutzer erhält auf sein Profil zugeschnittene Werbung. Gefällt ihm die Botschaft, kann er das Angebot durch einen weiteren Klick näher kennenlernen oder sogar kaufen. Zusätzlich incentiviert für das Anschauen der Werbung und für den Click-Through wird der Nutzer mit Bonuspunkten. Diese kann er in Prämien tauschen oder im Fall von j-point in Gewinnlose mit attraktiven Gewinnchancen. Die komplette AIDA-Klaviatur von der Bekanntmachung bis zum Kauf wird so in 10 Minuten abgespielt. Auch der Kauf oder eine Registrierung auf der verlinkten Website kann mit Bonuspunkten weiter incentiviert werden. So wird nicht nur die Werbeakzeptanz, sondern zusätzlich noch das Kaufverhalten belohnt. Danach liegt es am Werbungtreibenden die „Kommunikationserlaubnis" mit dem neu gewonnenen Kunden dauerhaft anzulegen.

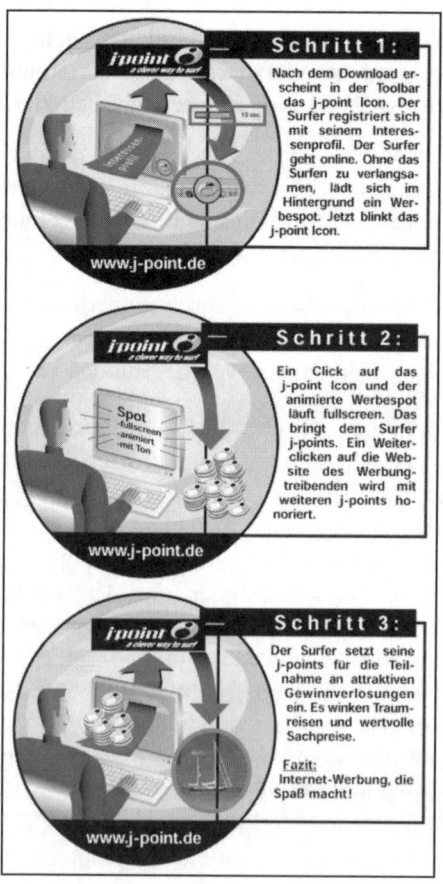

Abbildung 2:   Anleitung für Nutzer von j-point

Es bleibt aber festzuhalten: Erlaubnis in der Zielgruppe ist ein sehr fragiles Gut. Dieses Gut ist zu erarbeiten und dann zu pflegen. Kundendaten zu sammeln ist das eine, daraus persönlich relevante Angebote zu unterbreiten das andere. Noch verstehen sich nur wenige Anbieter, darauf mit Permission Marketing zu arbeiten. Wer aber

Peter Schmandt

frühzeitig anfängt, handelt richtig, denn das Kommunikationsbudget der Menschen bleibt begrenzt, nur die besten Anbieter werden sich durchsetzen und dann Loyalität in Umsätze verwandeln.

Selbstverständlich wird Permission Marketing nicht die klassische Werbung ersetzen – nicht zuletzt weil der erste Kontakt nur durch Störerwerbung zustande kommt – aber immer größere Anteile der Werbespendings werden in Werbung fließen, die der Kunde bejaht und ihn zu einem gleichwertigen Partner macht.

Die weiteren Vorteile im Vergleich zur Bannerwerbung liegen auf der Hand:

Die Kampagnen werden, wenn gewünscht, innerhalb von 24 Stunden abgewickelt und können auf 15 Minuten genau ausgeliefert werden. Die Anlieferung der Werbemittel wenige Stunden vor dem Kampagnenstart ist ausreichend. Die Werbespots sind bildschirmfüllend mit Ton und lassen mit einer Länge von 30 Sekunden viel kreativen Spielraum zu. Anders als klassische Fernsehspots sollen Sie zur direkten Interaktion anregen und werden auch nur einmal angeschaut. Anderenfalls würde sich ein Abnutzungseffekt einstellen, wie er von den von Frequenzmedien bekannt ist. Spots mit wechselnden Motiven in sequenzieller Folge geschaltet können den Transaktionserfolg steigern helfen, ohne den Nutzer zu langweilen.

Eine Integration in den gesamten Kommunikationsmix (Print, TV, Radio etc.) kann den Erfolg weiter steigern helfen. Crossmedia-Effekte führen, indem sie auf Bekanntheit, das Vertrauen und Sympathie für die Marke aufbauen zu einer noch höheren Transaktionsrate.

Alternativ erlaubt j-point durch das Format (Flash-Film), die ausdrückliche erlaubte Aufmerksamkeit des Nutzers (Permission), sowie aufgrund der vorliegenden Registrierungsdaten möglichen Zielansprache der Nutzer den Verkaufsprozess ohne Crossmedia-Effekte einzuleiten. Das soll später durch ein Beispiel verdeutlicht werden.

Die Abrechnung kann – anders als bei Bannerwerbung – unbedenklich nach Click Through erfolgen. Dann das Risiko nicht auf den Werbeträger verlagert. Ein nicht ausgeführter Click Through bedeutet geringere Incentivierungskosten. Ein Click Through kostet 0,5 Euro Grundpreis. Je nach weiter qualifizierendem Filterkriterium entstehen Zuschläge zwischen 0,25 Euro und 0,75 Euro. Der nicht zu unterschätzende Brandingeffekt braucht bei durchschnittlichen Klickraten von über 70 Prozent nicht weiter berechnet werden. So sind hocheffiziente Online-Kampagnen von langer Hand kalkulierbar.

Einziger Nachteil dieses Werbeträgers: Die Nutzerzahl bleibt auf die registrierten Nutzer beschränkt. Die hohe absolute Zahl gewonnener Neukunden rechtfertigt den Einsatz jedoch allemal. Das Werbemittel, ein bis zu 400 Kilobyte großer Flashspot, benötigt mehr Programmierung als ein Banner oder Pop-up. Einmal programmiert ist er jedoch theoretisch endlos einsetzbar. Es wird kein Werbemittel zweimal gezeigt. Außerdem ist es sinnvoll, nach Abspielen des Spots auf eine extra zu diesem Zweck eingerichtete Microsite zu verlinken, um die im Spot erzielte Dramatik nicht abbrechen zu lassen.

Das Beispiel Bathics.com

Bathics (www.bathics.com) vertreibt ausschließlich über das Internet junge, sehr originelle Badezimmeraccessoires bei einem guten Preis-/Leistungsverhältnis: Die Marke dürfte den wenigsten aus der Offlinewelt bekannt sein.

Peter Schmandt

Abbildung 3: Screenshots vom Flashwerbemittel des Anbieters
Bathics

Der Spot, von dem diese Screenshots stammen, wurde von etwa 1500
Personen aktiv abgerufen und gesehen. Eine Serverprotokollauswer-
tung ergab folgende Werte:

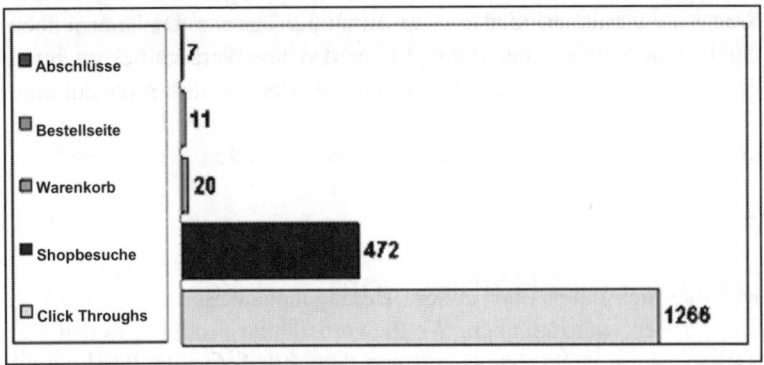

Abbildung 4: Auswertung des j-point-Serverprotokolles

Wie man der Statistik entnehmen kann, haben über 70 Prozent der
Nutzer nach dem Kontakt mit dem Werbemittel auf die Website von
bathics.com geklickt. Aber nicht nur das. Ein gutes Drittel der Websi-
tebesucher, d. h. 472 Einzelsurfer, haben sich auch im Shoppingbe-
reich aufgehalten, 20 Personen haben den Warenkorb gefüllt und
sieben Einzelpersonen haben einen Kauf von durchschnittlich über 25
Euro getätigt. Ohne weiteres Offlinemarketing, und Zielgruppen-
Targeting ist eine *Kaufrate* in Bezug auf das eingesetzte Werbemittel
von etwa 0,5 Prozent erreicht worden.

Das Internet – ein Transaktionsmedium   123

Mit Targeting und einer Verringerung der Abbruchraten auf der Bestellseite sind Kaufraten von 2 Prozent und mehr möglich. Das sind Raten, die mit Abstand kein anderer Werbeträger erzielen kann. Das Ergebnis soll außerdem verdeutlichen, dass auch offline eher unbekannte Marken sehr erfolgreich im Web agieren können. Auch andere Marken aus den verschiedensten Branchen, z. B. Direktanlagebank, Postbank, Sparkasse, Fiat, Yello, Barmer Ersatzkasse, Othello, freenet, Bertelsmann Buchclub, Wirtschaftswoche, MTV, n-tv und viele andere haben ähnlich gute Ergebnisse erzielt.

Auch bei diesem Onlinewerbeträger sind, wie bei Banner-Werbung, die Kaufabschlüsse zu einem späteren Zeitpunkt schwer zu ermitteln, doch dürften sie um einen hohen Faktor oberhalb der Bannerwerbung liegen, da ein tonanimierter Full-screen-Spot ungleich höhere Recall-Werte erzielt als ein relativ kleinformatiger Banner. Die enorm hohe Click- und Kaufrate bei Bathics über den Werbeträger j-point zeigt, dass das Internet sehr wohl ein effizientes Werbemedium sein kann.

Abschluss

Es lohnt sich daher über andere Herangehensweisen an Nutzer und Zielgruppen nachzudenken. Wettbewerbsfähige Produkte finden viel leichter zu ihren Käufer, wenn man dem Kunden mehr Einfluss auf die Kommunikation gibt. Mehr Macht in den Händen der potenziellen Kunden bedeutet zugleich auch effizienter eingesetzte Marketingbudgets. Hierzu bedarf es sicher mehr Geduld und Know-how.

Am Ende gibt es jedoch vier Sieger: Der Werbungtreibende, die Agentur, der Konsument und das in jüngster Vergangenheit oft unterschätzte Internet.

Peter Schmandt

Werbung im Dialog über alle Medien

Dirk Freytag

Werbung im Internet

Werbung im Internet entwickelt sich zu einem festen Bestandteil im Marketing-Mix. Die Frage lautet nicht mehr, ob man im Internet Werbung schaltet, sondern wie groß der Online-Anteil am gesamten Marketing-Mix sein wird. Die Verteilung der Werbespendings wird sich an den Mediennutzungsgewohnheiten orientieren. Hier geht es sowohl um die Zeit, in der die Konsumenten das Medium nutzen als auch um die Bereitschaft der Konsumenten, in dem entsprechenden Medium Werbung zu akzeptieren. In beiden Punkten hat das Internet hohe Wachstumspotenziale.

Die technischen Möglichkeiten sind – kombiniert mit den Potenzialen und Erfahrungen der klassischen Mediaplanung – ein großer Schritt in Richtung direkter Zielansprache von Konsumenten in den so genannten Massenmedien. Die veränderten Mediennutzungsgewohnheiten und wachsenden technischen Möglichkeiten werden sich in neuen Werbeformen widerspiegeln. Die digitale Werbewelt von morgen wird auf der intelligenten Aussteuerung auf Basis zielgruppengenauer Planung und der Interaktivität durch den Konsumenten aufbauen.

Die Interaktivität und Rückkanalfähigkeit, die direkte Response auf Werbung ohne Medienbruch gibt der Planung, Steuerung und Effizienzmessung von Werbung neue Möglichkeiten.

Steuerung digitaler Werbung

Das Internet bietet mit der Multimedialität viele interessante Eigenschaften, die für die Gestaltung der Werbung bedeutend sind. Viel wichtiger ist allerdings die direkte Reaktionsmöglichkeit der Konsumenten auf Werbung sowie die Tatsache, dass im Internet das erste Mal in der Mediengeschichte die Werbung von den Inhalten eines Angebotes getrennt ist. Beide erscheinen zwar gemeinsam und fast zeitgleich auf dem Bildschirm, aber technisch sind sie voneinander getrennt. Die Aussendung und damit Aussteuerung der Werbung erfolgt individuell und nach der Aufforderung durch den User.

Wie in den traditionellen Medien wird Online-Werbung auf bestimmten Websites (Titeln) gebucht. Im Internet kauft man nicht einen Anzeigenplatz in einem Titel und in einer Rubrik, sondern bucht Teile einer einzelnen Werbefläche innerhalb eines Online-Angebotes.

Die Auslieferung von Werbung und Inhalt verläuft parallel zu den Inhalten über separate Server, und die Abrechnung der Werbung erfolgt anders als in traditionellen Medien nach der tatsächlich ausgelieferten Werbung.

Um ein Verständnis für die Möglichkeiten der Werbung im rückkanalfähigen Medium zu geben, zeigen wir an dieser Stelle, wie Werbung im Internet ausgeliefert wird und wie man darauf reagieren kann.

Der Werbetreibende und seine Agentur erstellen einen Mediaplan und buchen dementsprechend die Werbung auf den Sites. In der Regel ist dies keine feste Belegung eines Werbeplatzes für einen bestimmten Zeitraum, sondern die Buchung einer bestimmten Zahl von Werbekontakten, den so genannten AdImpressions. In den meisten Fällen wird die Werbung dynamisch gebucht. So wird eine Aussteuerung und zielgenaue Ansprache möglich. Zu über 70 Prozent sind dies heute Werbebanner oder andere auf gleichen Überlegungen basierende Werbeformen wie Pop-ups (kleine Werbefenster, die auf dem Bildschirm erscheinen und Teile des Inhaltes einer Website ver-

126   Dirk Freytag

decken), Interstitials oder E-Mercials (beides Werbungen, die den ganzen Bildschirm einnehmen und mit der Unterbrecherwerbung in den anderen Massenmedien vergleichbar sind). Ausnahme hierbei ist das Sponsoring, also eine längerfristige Partnerschaft zwischen dem Werbetreibenden und dem Contentanbieter. Hierbei erhalten die Werbetreibenden in der Regel einen festen Platz in der Website.

Surft ein User eine Website an, so fragt er als erstes die Informationen zum Aufbau der Website ab. Die Werbung ist nicht in die Website integriert, sie liegt meist auf einem separaten Server. Der HTML-Code, den die Website an den PC des Users sendet, enthält einen Verweis auf den „Abholort" der Werbung – den separaten Server. Der PC geht diesem Verweis automatisch nach und fordert die Werbung bei einem Adserver ab. Dieser Adserver nun ist verantwortlich für die Auslieferung der Werbung. In der Anfrage nach Werbung sind viele Informationen enthalten, die der Adserver auswertet und erst dann – in weniger als einer halben Sekunde – die bei ihm befindliche Werbung an den einzelnen Konsumenten ausliefert.

Ohne besonderes Know-how ist eine Aussteuerung nach Wochentag und Uhrzeit möglich, denn dies kann vorher eingestellt werden. Etwas interessanter ist es schon, den Browsertyp wie den Netscape Communicator oder den Internet Explorer und die Version des Typs zu bestimmen, über den der User ins Netz geht. Zusätzlich erhält der Adserver mit der Banneranfrage Informationen, anhand derer er erkennt, welches Werbeformat (Flash, Javascript) auf dem PC, der die Werbung angefordert hat, angezeigt werden kann. Denn die zielgenaue Useransprache im Web kann erst dann wirken, wenn der User das Banner auch wirklich auf dem Bildschirm sieht. Zusätzlich unterstützen die meisten Systeme die direkte Zielgruppenansprache nach Keywords und anderen Kriterien, die sich auf den Inhalt der Website beziehen. Wenn bei der Nutzung einer Suchmaschine zum eingegebenen Keyword die passende Werbung geliefert wird, dann spricht man von Targeting nach Keywords. Zum Suchbegriff „Autoversicherung" schickt der Adserver bei der Anzeige der Suchergebnisse ein Werbebanner eines Kfz-Versicherers auf den Bildschirm des Users.

So trifft die Werbung das aktuelle Interesse des Konsumenten und erzielt damit eine höhere Aufmerksamkeit.

Ohne den Einsatz von Cookies oder personenbezogenen Daten können einzelne Adserver sogar den Einwahlknoten erkennen, über den sich der User eingeloggt hat, und ihm regionale Werbung auf den Bildschirm schicken. Damit tritt das Internet als Werbeträger in direkte Konkurrenz zur regionalen Tageszeitung.

Mit dem Einsatz von Cookies kann, ohne personenbezogene Daten zu nutzen, die Werbung ausgesteuert werden. Cookies sind kleine Dateien, die einen numerischen Zahlencode enthalten. Sie werden auf dem PC eines Users abgelegt. Diese Daten werden, wenn der Adserver die Berechtigung hat, bei der Anforderung der Werbung an den Adserver überspielt.

Damit kann der Adserver erkennen, ob er an den betreffenden PC bereits ein bestimmtes Werbemotiv gesendet hat oder nicht. Entsprechend wird der weitere Werbedruck gesteuert. Ist voreingestellt, dass der User auf einem bestimmten PC die Werbung nur fünfmal sehen darf, sendet der Adserver entsprechend oft das Werbemotiv. Nach fünfmaliger Auslieferung schickt der Adserver bei einer erneuten Banneranfrage eine andere Werbung. So kann der Burnout verhindert werden.

Mit Hilfe von Cookies ist auch eine Identifizierung des Unique Users möglich. Die Technologie ist mit einer Cookie-basierten Analyse in der Lage, die Zugriffe nach Einzelusern zu bestimmen. Dies ermöglicht zuverlässige Aussagen über die Reichweite einer Kampagne. Hier sind Auswertungen über die User, die eine Kampagne an einem Tag gesehen haben, bis hin zu einer Auswertung der Unique User über den gesamten Zeitraum der Kampagne möglich.

Dirk Freytag

Personalisierte Werbung

Trotz strenger Datenschutzbestimmungen kann in gewissen Fällen Werbung auch personalisiert gesendet werden. Dies verlangt aber ein ausdrückliches Einverständnis der User. Hat der Adserver Zugriff auf entsprechende Datenbanken, kann Werbung individuell ausgesteuert werden. Es geht sogar so weit, dass in einzelnen Ländern die Werbung mit den Daten des Konsumenten kombiniert werden kann und so Adressen mit dem erneuten Einverständnis des Users an einen anderen Werbetreibenden übermittelt werden können. Als Beispiel sind hier die Angebote genannt, bei denen sich ein User identifiziert, um für ihn individuell zusammengestellte Informationen zu bekommen. Die der Website bekannten Daten werden dann in die Werbung eingespielt und die Person bekommt z. B. ein Pop-up-Banner, in dem ihre Daten bereits integriert sind. „Hallo Frau ..., interessieren Sie sich für folgendes Produkt? Wollen Sie über die Angebote informiert werden, dann klicken Sie hier und Ihre Daten werden an den Werbetreibenden weitergeleitet."

Zurzeit gibt es bei der Personalisierung der Werbung folgende Überlegungen:

Der User legt sein eigenes Interessen- bzw. Nutzerprofil an. Darauf aufbauend wird ihm individuelle Werbung zugeschickt. Im Gegenzug bekommt er den Content umsonst, obwohl dieser extra für den User zusammengestellt wird, Gutschriften für gesehene Werbebanner oder einen preiswerten Webzugang. Hier gibt der User freiwillig personenbezogene Daten preis, erhält dafür aber einen Mehrwert. Der Anbieter dieser Dienste erhält so Nutzerprofile, mit denen er sein Angebot für Werbetreibende interessanter macht, da er die Nutzer und deren Vorlieben kennt.

Weitergehende Überlegungen führen dahin, nach dem Einverständnis des Users und dem Anlegen des Nutzerprofils Datenbanken auszuwerten und automatisch ein Profil von einem User zu erstellen und ständig zu verbessern. Dies ist in Deutschland nicht zulässig. Es würde aber Möglichkeiten eröffnen, Targetingkriterien weiter zu verfeinern und klare und messbare Rückschlüsse auf die Werbewirkung zu ziehen. Mit dieser Methode wäre eine echte Annäherung an das One-to-One-Marketing möglich. Adressen hätten besonders für das Direktmarketing eine sehr hohe Wertigkeit, da die Adressen mit den aktuellen Nutzungsdaten verbunden wären und so eine sehr genaue Aussteuerung der Ansprache möglich wäre. Dies ist sowohl aus Datenschutzgründen als auch aufgrund derzeitiger technischer Restriktionen noch nicht möglich. Man muss sich auch die Frage stellen, ob dieses Profiling erstrebenswert ist.

Messung der Werbewirkung im Internet

Im Internet ist die direkte Reaktion auf Inhalte möglich. Durch unmittelbares Anklicken der Werbung reagiert der User ohne den bei Massenmedien sonst üblichen Medienbruch. Er hat die direkte Reaktionsmöglichkeit, die ihm sonst nur direkt in einem Geschäft gegeben ist. Diese Art der Reaktion kann durch Interaktivitätsmaße gemessen werden. Der Klick auf ein Werbebanner führt den Konsumenten beispielsweise zu einem Online-Shop, in dem er das beworbene Produkt sofort erwerben kann. Der Kauf des Produktes oder die Bestellung von Informationsmaterial kann folglich als das direkte Ergebnis der Werbemaßnahme betrachtet und gemessen werden.

Die Technologie ist in der Lage, nicht nur den Klick zu messen, sondern auch die Transaktionen, die nach einem Klick erfolgen.

Die direkte Werbeerfolgskontrolle erhält dadurch eine neue Qualität. Und nicht nur die Analyse, sondern auch die Abrechnung von Werbekampagnen hat einen Parameter dazu gewonnen: Statt nach dem bislang oft verwendeten CPC-Modell (cost per click) kann die Abrechnung sogar nach dem CPT-Modell (cost per transaction) erfolgen.

Eine Abrechnung nach dem CPT-Modell gewährleistet außerdem eine produktgerechte Gestaltung der Werbung. Die Klickrate von

Dirk Freytag

Bannern kann mit einfachen Tricks in die Höhe getrieben werden. Solche Mittel – zum Beispiel doppeldeutige Bannertexte – können bewusst eingesetzt werden, wenn nur die Clickrate zählt. Doch halten die Sites das Versprechen der Werbung nicht, passt das Banner nicht zum Angebot und die potenziellen Kunden sind verärgert. Sie werden nichts bestellen und die Site nicht wieder besuchen. Die Erfassung der direkt auf einen AdClick folgenden Transaktionen gibt einen Anhaltspunkt, ob die Inhalte der Website in der Werbung passend dargestellt wurden.

So können Kampagnen ständig optimiert und der User besser angesprochen werden. Das Internet bietet in der Analyse des Erfolges von Kampagnen weitere Möglichkeiten. Schon eine Stunde nach Start der Kampagne können bei dynamisch eingeblendeten Werbungen die ersten Leistungsdaten analysiert werden. Lange Tests vor dem Start einer Kampagne, welche Werbung wirkt, oder die Schaltung von verschiedenen Motiven in bestimmten Regionen sind nicht mehr nötig. Zu Beginn einer Kampagne können verschiedene Motive gebucht werden. Nach einer Stunde erhält der Werbetreibende oder die von ihm beauftragte Agentur die Leistungsdaten über die Auslieferung und die Reaktion auf die Werbung. Sofort kann eine Kampagne verändert werden. Das Auswechseln der weniger erfolgreichen Werbung ist ein einfacher Austausch von Dateien, den man mit einem einfachen Klick erledigen kann. Mit einem Befehl auf dem Adserver werden die Werbungen ausgetauscht. Da jede Werbung einzeln abgefordert wird, wird direkt danach nur noch die neue Werbung ausgeliefert. Das Internet bietet also nicht nur dem User die Möglichkeit, direkt auf Werbung zu reagieren, es bietet dem Werbetreibenden auch die Möglichkeit, ohne Copytests oder Befragungen sofort zu analysieren, wie erfolgreich seine Werbung ist.

Natürlich sind diese Indikatoren nicht die alleinigen Messgrößen für den Erfolg einer Werbung, aber sie geben genaue Zahlen über die direkte Werbewirkung an. Zusätzliche Erfolgsfaktoren und deren Messung sind vergleichbar mit denen der traditionellen Massenmedien.

Das Netz wirbt für sich im Netz

Die Angebote im Internet, die Websites, leben davon, bekannt zu werden und von Usern besucht zu werden. Anders als Geschäfte, an deren Schaufenster man vorbeigeht oder vorbeifährt, wird man auf eine Website eigentlich nicht zufällig aufmerksam. Um Besucher auf eine Website zu ziehen, muss massiv Werbung getrieben werden.

Nur eine gut „vernetzte" und bekannte Website wird erfolgreich sein. Das Internet selbst bietet viele Möglichkeiten, das eigene Angebot zu bewerben. Hier sind in erster Linie die Suchmaschinen zu nennen. Internet-Präsenzen lassen sich hier eintragen (Webpositioning) mit dem Ziel, dass User über die Schlagwortsuche in den Online-Verzeichnissen zur Website finden. Bereits heute gibt es eine Reihe von Dienstleistern, die das Angebot ihrer Kunden möglichst weit oben bei den Suchwörtern positionieren, denn die User klicken meist nur auf die ersten drei Angebote.

Ein sehr oft beschrittener Weg ist das gegenseitige Bekanntmachen. Nicht konkurrierende Online-Angebote schließen miteinander Kooperationen und bewerben sich gegenseitig über Links oder den Einbau von Werbeflächen. Weitere Möglichkeiten sind Affiliate-Programme. Das Konzept des Affiliate-Marketing beruht auf der Tatsache, dass das Angebot des Merchants grundsätzlich interessant für bestimmte Endkunden-Zielgruppen ist. Dies muss aber nicht zwangsläufig auch auf die Website beziehungsweise den Webshop des Merchants zutreffen. Vielmehr geht man davon aus, dass die Endkunden im Internet primär Websites besuchen, die eine hohe Affinität zu ihren Interessen aufweisen. Diese Interessen stehen auch hinter den Bedürfnissen, die die Kunden dann entwickeln können. Affiliate-Marketing versucht diese beiden Schritte zu verbinden, indem es das Angebot des Merchants in die Seiten mit hoher Affinität zu Endkunde und Angebot integriert.

Neben der Umsatzprovision können auch – wie beim Banner – Vereinbarungen getroffen werden, Provisionen für einzelne Besucher oder deren Klicks zu vergüten. Die den traditionellen Medien am

Dirk Freytag

ähnlichsten und im Internet am weitesten verbreitete Werbeform ist die gebuchte Werbung. Dies kann in Form von Bannern, Streaming Ads, Pop-ups oder Interstitials geschehen.

Werbewirkung im Internet

Bei der Nutzung eines Mediums hat der Konsument eine bestimmte Erwartungshaltung. Entsprechend muss das Marketing in diesem Medium aufgebaut werden. Internetnutzer wollen in der Regel etwas Neues erfahren und sind schon aus diesem Grund aufnahmebereit für Hinweise auf Dinge, die sie suchen oder die zu dem Gesuchten passen. Sie haben die passive Fernsehhaltung aufgegeben. Im Internet will sich der Konsument aktiv informieren. Durchschnittlich verbringen User nur 45 Sekunden auf einer Website. Der Konsument reagiert schnell auf Informationen und bestimmt aufgrund der ihm gebotenen Informationen, welche Website er als nächstes besucht. Aus diesem Grund sind im Internet Werbungen, die zielgenau die aktuellen Bedürfnisse der User treffen, ideal positioniert. Das Internet bietet diese Möglichkeiten, denn mit Hilfe des IP-Signals und der Adservertechnologien ist eine Aussteuerung sehr leicht möglich. Da der User die Werbung eher nebenbei wahrnimmt, sind Brandingkampag-nen nicht so wirkungsvoll wie in anderen Medien. Die Werbung, die auf direkten Verkauf zielt bzw. einen direkten Aufruf zur Interaktion nach dem Motto „Klick mich!" enthält, hat eine sehr gute Basis im Internet.

Das Internet wird auch in Zukunft das Medium sein, in das man sich einloggt, um Informationen zu bekommen, zu kommunizieren oder Spaß zu haben. Und dies dann, wenn man Zeit hat. Entsprechend werden Fernsehprogramme im Internet nur bedingt erfolgreich sein. Internetnutzer wollen selbst bestimmen, wann sie etwas sehen wollen, nicht wann es ihnen vorgeschrieben wird. Entsprechend seiner Selbstbestimmtheit wird der User einen sechsminütigen Werbeblock nicht akzeptieren. Selbst einzelne Unterbrecherwerbungen von mehr als zehn Sekunden wird er nicht hinnehmen. Werbung darf also nicht zu aufdringlich sein und den Surfer zu stark in seinem Navigieren durchs WWW unterbrechen. Es ist auch nicht sinnvoll, Internetseiten mit Werbung zu überfrachten. Das verärgert die User und ignoriert die Möglichkeiten der zielgenauen Aussteuerung der Werbung. Der User im Internet ist nicht bereit, sich zurückzulehnen und auf Werbung einzugehen. Er nimmt die Werbung beiläufig mit. Der User ist nicht bereit, seine Aktivität zugunsten von Werbung aufzugeben. Was Erfolg verheißt, ist Werbung, die den User anspricht, ihm verspricht, bei seiner Suche nach Informationen weiterzuhelfen oder seine Bedürfnisse trifft. Der User auf Wirtschaftsseiten wird aber Werbung für Sanitärreiniger nicht akzeptieren oder gar auf sie reagieren. Werbung im Internet muss sehr genau auf den Inhalt der Website oder die Bedürfnisse der User zugeschnitten sein. Jemand, der nur mal schnell im Netz etwas nachschaut, wird nicht auf Werbung für einen Pizzabringdienst reagieren. Recherchiert jemand intensiv im Web, ist er froh, wenn er seine Arbeit nicht unterbrechen muss und nebenbei eine Pizza bestellen kann. Der User stellt sich sein eigenes Programm zusammen. In anderen Medien hat er nur die Möglichkeit, das laufende Programm zu akzeptieren oder weiter zu schalten. Im Internet ist fast alles „on demand" erhältlich, und es gibt keine feste Struktur, es ist kein festes Angebot für bestimmte Kundengruppen vorhanden. Dies ist die Herausforderung an das Marketing, das die technischen Möglichkeiten hat, den Anforderungen der User gerecht zu werden.

Cross-Marketing von Online-Angeboten

Natürlich setzen Online-Firmen Cross-Marketing ein, um Traffic auf ihren Sites zu generieren. Man muss unterscheiden zwischen den Firmen, die ihr Angebot jetzt auch im Netz anbieten und Firmen, die als Internetfirmen gegründet wurden. Firmen aus der Old Economy setzen auf das Internet als zusätzlichen Absatzkanal. Sie nutzen alle

Dirk Freytag

bisherigen Marketinginstrumente und ergänzen in den Printanzeigen die Internetdomain. Die Einblendung der Internetdomain innerhalb des Werbespots ist technisch sehr einfach und mit keinen höheren Kosten verbunden. Auch TV-Stationen machen sehr gerne für die eigenen Internetangebote Werbung, und so besuchen täglich mehr User die Homepage von RTL als Köln Einwohner hat.

Unternehmen aus der New Economy setzen ebenfalls auf Werbung in den traditionellen Medien, um bekannt zu werden. Dabei wird die Zeitung selten verwendet.

Da die meisten Internetfirmen noch klein sind und die Kosten für eine Fernsehkampagne sehr hoch liegen, sind nur wenige Online-Firmen im Fernsehen aktiv. Bei der Nutzung der anderen Medien geht es darum, Bekanntheit für die eigene Seite zu erzeugen, das so genannte Branding. Für Internetangebote ist aber die Werbung in anderen Medien sehr teuer, vor allem weil die Streuverluste der Werbung sehr hoch sind. Natürlich gibt es bei der Schaltung in Medien wie dem Fernsehen sehr gute Kriterien, die Zielgruppe einzuschränken, aber das Internet ist mit seinen Möglichkeiten viel weiter. So sind zwar schon 30 Prozent der Deutschen online, aber die anderen 70 Prozent können bei einem Fernsehspot nicht ausgeblendet werden. Geht es um einen Börsengang, muss man im Fernsehen werben, auch als Internetunternehmen. Aber den meisten Internetunternehmen geht es um den Traffic auf ihrer Seite und vor allem um die Generierung von Adressen oder den Abverkauf von Produkten. Dazu sind die Werbeflächen im Internet sehr viel besser geeignet.

TV: Das digitale Fernsehen der Zukunft wird rückkanalfähig sein

Gemütliches Zurücklehnen und einfach Fernsehen. Das wird es auch in der Zukunft geben. Wir werden aber über mehr Steuerungsinstrumente verfügen und die Möglichkeit haben, die Werbung intelligenter als heute in den Content einzubinden. Heute wird auf zwei Wegen Werbung im Fernsehen geschaltet. Dies sind zum einen die bekannten Werbeunterbrechungen, die als Werbung, Sponsoring oder Präsentationen über den Bildschirm laufen. Dabei wird der Sendefluss des im Sessel sitzenden, konsumierenden Zuschauers unterbrochen. Er hat die Chance, sich die Werbung anzusehen, zu zappen oder anderen Bedürfnissen nachzugehen. Auch in Filmproduktionen wird innerhalb des Films intensiv geworben. Produktplacement ist das Stichwort. BMW lässt es sich eine Menge kosten, damit James Bond den Z8 und kein anderes Auto fährt. Gerade der Bereich Produktplacement ist jedoch mit vielen Unbekannten verbunden. Schon vor der Produktion des Filmes bezahlt der Werbende den Preis, von dem er glaubt, dass die Werbung es ihm wert sei. Hier werden sehr hohe Summen für Image und Branding ausgegeben. Das rückkanalfähige Medium wird in der Lage sein, aus dem reinen Brandinginvestment eine direkte Werbung zu machen, die Konsumenten zur Reaktion auffordern. Über den Rückkanal wird messbar, wie wertvoll das Investment ist. Seit 2001 sind schon Ansätze für rückkanalfähige iTV-Werbung auf dem Markt. Über Hotspots ist es möglich, einzelne Objekte innerhalb eines Films klickbar zu machen (Clickable Video Objects). Das bedeutet, dass der durch das Bild fahrende Wagen nicht nur gut aussieht, sondern auch zur Probefahrt direkt beim Autohändler in der Stadt einladen kann. Wie soll der Konsument denn nun erfahren, dass der Wagen ein Werbeobjekt ist und eine Fahrt in dem Traumwagen möglich ist?

Technisch ist dies durch eine Kombination von Werbung und Produktplacement machbar. Die Verbindung von Werbeformen aus Internet und TV kann hier eine Lösung sein. Stellen Sie sich einen Bildschirm vor, der an einer Stelle immer Werbung zeigt - außerhalb des Programms in der Kopfleiste des Bildschirms. Das Banner aus dem Internet auf dem Fernsehbildschirm. Das Programm läuft wie bisher auf dem Bildschirm. Läuft jetzt ein Film mit Clickable Video Objekts, also mit als Werbeträger gebuchten Elementen, kann die Werbung mit Timecodes gesteuert werden. Erreicht der Film eine bestimmte Zeitmarke, wird contentspezifische Werbung eingeblendet.

Dirk Freytag

Fährt der beworbene Wagen durch das Bild, kann die Werbung am Kopf des Bildschirms darauf hinweisen: „Gefällt Ihnen den Wagen? Wollen Sie auch einmal damit fahren? Dann klicken Sie auf ihn!" Durch die beschriebenen Steuerungsmöglichkeiten kann jetzt die richtige Werbung eingeblendet werden oder der Konsument an die richtige Adresse weitergeleitet werden. Der Konsument wird aufgefordert, direkt auf die Werbung zu reagieren. Tut er dies, dann wird möglicherweise der Film, den er sieht, angehalten und eine neue Seite mit Produktinformationen geöffnet. Da die Technologie erkennt, wo sich der Konsument gerade aufhält, bekommt er sofort die Seiten angezeigt, die für ihn in der Region interessant sind. Er wird also nicht an die Konzernzentrale weitergeleitet, sondern gleich zur Internetpräsenz des Autohauses vor Ort. Hier erfährt er nicht nur, wann das Traumauto in der Region zu sehen ist, er kann sich sofort für eine Probefahrt anmelden und ausführlich über das Auto informieren.

Zusammenfassung

Das Internet bietet dem Marketing sehr viele neue Möglichkeiten, Werbung zu schalten und auszusteuern. Dies ist ein wesentlicher Zugewinn, den das Medium allen anderen Massenmedien voraus hat. Die Steuerungsmöglichkeiten machen das Massenmedium auch für Direktmarketer interessant. Die technischen Möglichkeiten sind noch lange nicht ausgereizt, und es liegt am Marketing auszuprobieren, welche technischen Entwicklungen von den Konsumenten angenommen werden. Die Möglichkeiten, direkt auf Werbung zu reagieren, werden Einfluss auf alle anderen Medien haben. Ob dies wirklich wie in dem skizzierten Fall enden wird, ist nicht klar. So wird aber deutlich, was alles denkbar ist und wie die heute bestehenden Möglichkeiten des Internets das Marketing in den anderen Medien beeinflussen können.

Crossmedialer Dialog in der Neukundenwerbung: Case-Study Club Bertelsmann

Jürgen Müller

Der Club Bertelsmann

In Deutschland werden Bücher aufgrund der Buchpreisbindung grundsätzlich nur zu dem vom Verlag festgesetzten Preis an den Endkunden abgegeben. Es gibt eine Ausnahme: das Club-Geschäft. Bei einer regelmäßigen Kaufverpflichtung dürfen Bücher durch den Club mit einem Preisnachlass von bis zu 40 Prozent verkauft werden, sofern ein zeitlicher Abstand von in der Regel sechs Monaten und ein Ausstattungsunterschied zur Originalausgabe besteht. Bei Preisreduktionen im stationären Handel handelt es sich nur um „modernes Antiquariat".

Der Club Bertelsmann gibt seit über 50 Jahren diesen Preisvorteil an seine rund 4,5 Millionen Mitglieder weiter. Ergänzt wird dieser Vorteil für die Club-Mitglieder durch exklusive „Buchpremieren" namhafter Autoren im Club. Diese Neuerscheinungen können erst sechs Monate später über den regulären Handel bezogen werden. Neben diesen beiden „Club USP's" erhalten die Club-Mitglieder mit ihren Kundenkarte Vergünstigungen bei einer Vielzahl von interessanten Kooperationspartnern.

Der Club bietet seinen Mitgliedern die ganze Palette möglicher Medienprodukte von Buch, CD, Video, CD-ROM bis DVD und vertreibt diese über die Vertriebswege Katalog, Filiale und Internet. Dieser Multichannel-Ansatz ist ein deutlicher Wettbewerbsvorteil und der Hintergrund für alle Crossmedia-Dialog-Strategien. Die Frage des optimalen Einsatzes des crossmedialen Dialoges für die Neumitgliederwerbung muss in zwei Dimensionen betrachtet werden:

- In der ersten Dimension müssen Fragen über die optimalen Werbewege und der optimale Media-Mix zur Abschöpfung der jeweils rentabelsten Kunden getroffen werden.

- Die zweite Dimension befasst sich mit Fragen der konzeptionellen Verknüpfung und der gestalterischen Umsetzung des Media-Mixes.

In diesem Beitrag wird der Schwerpunkt auf die erste Dimension gelegt, da dies die Grundlage aller crossmedialen Kampagnen darstellt.

Die erste Dimension des crossmedialen Dialoges

Für die Neumitgliederwerbung werden beim Club Bertelsmann drei Zielgruppen mit unterschiedlichen Potenzialen angesprochen: Nichtmitglieder, Mitglieder und ehemalige Mitglieder. Diesen Zielgruppen sind die drei Werbewege Neuwerbung, Freundschaftswerbung und Wiedergewinnung zugeordnet. Innerhalb dieser Werbewege steht das gesamte Potenzial des Mediaangebotes in zielgruppen- und „Werbeweg-adäquater" Auswahl und Gewichtung zur Verfügung: Anzeigen, Beilagen, Mailings off-/online, TV, Hörfunk, Telemarketing, Internetwerbung, Vertreterwerbung und Filialwerbung. Die angesprochenen Zielgruppen überschneiden sich und die Werbewege und der jeweilige Media-Mix beeinflussen sich teilweise stark. Eine effiziente Neumitgliederwerbung kann deshalb nur auf der Basis einer überlegten Crossmedia-Strategie erfolgreich sein.

Jürgen Müller

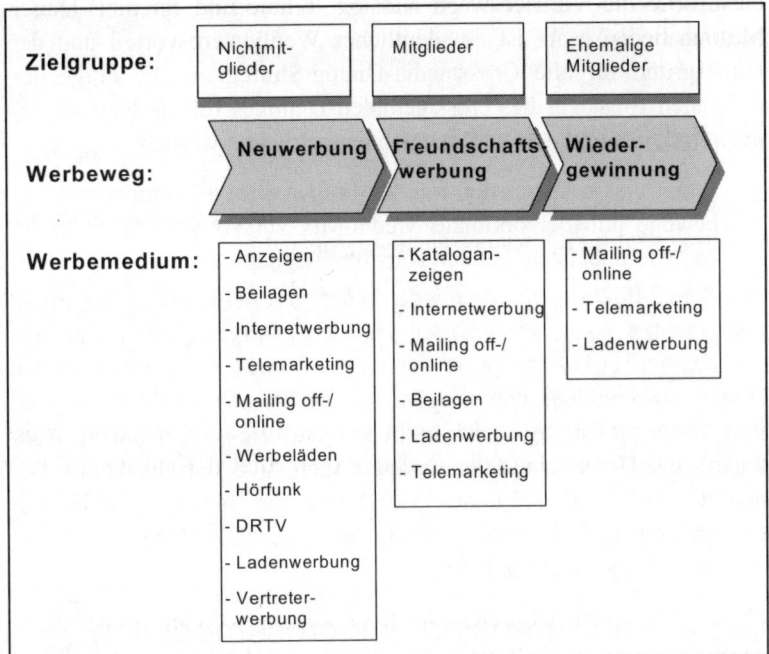

Zielgruppe:	Nichtmit- glieder	Mitglieder	Ehemalige Mitglieder
Werbeweg:	Neuwerbung	Freundschafts- werbung	Wieder- gewinnung
Werbemedium:	- Anzeigen - Beilagen - Internetwerbung - Telemarketing - Mailing off-/ online - Werbeläden - Hörfunk - DRTV - Ladenwerbung - Vertreter- werbung	- Katalogan- zeigen - Internetwerbung - Mailing off-/ online - Beilagen - Ladenwerbung - Telemarketing	- Mailing off-/ online - Telemarketing - Ladenwerbung

Abbildung 1:   „Werbewege und Werbemedien" beim Club Bertelsmann

Die Club-Vorteile bei Bertelsmann sind so attraktiv gestaltet, dass ein
Teil der neuen Mitglieder auch ohne zusätzliche Anreize gewonnen
werden könnte. Doch bei einem Großteil der relevanten heutigen
Zielgruppe wird die Vermarktung des Verpflichtungsmodelles zunehmend schwierig und muss deutlich mit Anreizen (Incentives)
verbunden werden. Trotz deutlicher Verbesserung ist das Club-Image
in der Öffentlichkeit teilweise noch unbefriedigend. Imageprobleme
resultieren noch heute aus den früher als schwierig empfundenen
Austrittsbedingungen und den teilweise negativen Imageeffekten sehr
offensiver Werbeformen in der Vergangenheit. Verbunden mit dem
erhöhten Wettbewerbsdruck und den gestiegenen Media- und Produk-
tionskosten sind das Gründe für gestiegene Akquisitionskosten mit

entsprechenden Auswirkungen auf die Rentabilität der geworbenen Neumitglieder.

Rentabilitätsbetrachtung

Die Rentabilität der geworbenen Neumitglieder ist der entscheidende Steuerungsfaktor der Neumitgliederwerbung.

Die Rentabilität der Neumitglieder hängt entscheidend von den direkt verursachten Akquisitionskosten und den hochgerechneten Erträgen der Kunden auf deren prognostizierte Lebenszeit ab. Beide Seiten hängen entscheidend vom eingesetzten Media-Mix ab. Dafür werden langjährige Erfahrungswerte, aktuelle Qualitätseinschätzungen, Analogien und Hochrechnungen herangezogen. Von entscheidender Bedeutung für die Rentabilitätseinschätzung der Kunden ist dabei der tatsächliche und erwartete Erfolg der Absatzförderung und die Effizienz der Kundenbindung.

Die erwarteten Rentabilitäten der Neumitglieder können auf der Basis jeder einzelnen Marketingaktivität ermittelt werden. Die Qualitätsunterschiede der über verschiedene Aktionen gewonnenen Neumitglieder sind – trotz identischer Werbebotschaften – teilweise beachtlich und werden durch den eingesetzten Media-Mix und die generierten Werbemengen deutlich beeinflusst.

Die isolierte Betrachtung der reinen Akquisitionskosten („CPO's = cost per order") ohne Rentabilitätsbewertung kann zu Fehlentscheidungen führen. Die Kunden mit den niedrigsten CPO's sind nicht automatisch die für das Unternehmen rentabelsten.

Strategie

Neben der Erreichung von Rentabilitätszielen ist die Menge der geworbenen Neumitglieder der zweite wichtige Steuerungsfaktor für die Neumitgliederwerbung. Die Menge der geworbenen Neumitglieder

Jürgen Müller

beeinflusst den Gesamtmitgliederbestand und damit auch die Gesamtunternehmensrendite.

Aus der Marketingstrategie wird deshalb die Strategie der Neumitgliederwerbung entwickelt. Dafür gibt es drei grundsätzliche Strategieoptionen: Die „Renditeoptimierung", die „Bestandserhaltung" und das „Club-Wachstum". Basis dieser Strategieoptionen sind die verfügbaren Mengen und die damit verbundenen Rentabilitäten der geworbenen Neumitglieder. Die folgende Abbildung verdeutlicht den Zusammenhang zwischen Werbekosten, Rentabilitäten und Werbemengen.

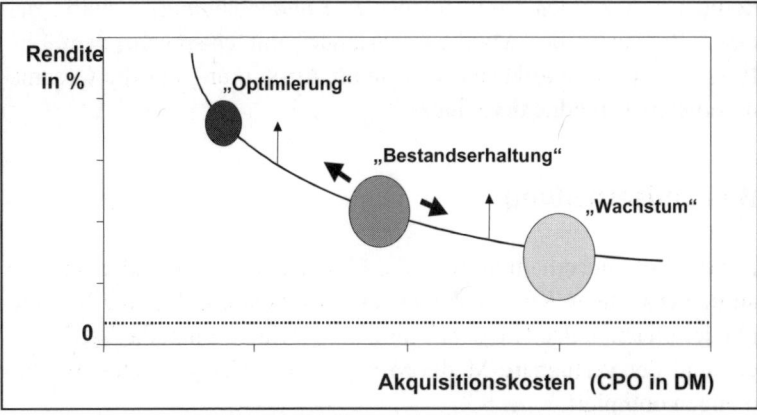

Abbildung 2:   Rentabilität und Akquisitionskosten im Verhältnis zur Werbemenge (Flächeninhalt der Kreise)

Durch Steigerung der Ergebnisbeiträge der Kunden kann die Kurve, auf der sich die Kreise bewegen, nach oben verschoben werden. Damit vergrößert sich der Spielraum rentabler Neukundengewinnung. Bei Absinken dieser Rentabilitätskurve reduzieren sich die Potenziale für eine rentable Neumitgliederwerbung. Der enge Zusammenhang zwischen Bestandskundenmarketing und erfolgreicher Neumitgliederwerbung wird damit deutlich.

Optimierung

Für die Renditeoptimierung der Neumitgliederwerbung wird der Media-Mix aufgrund von Rentabilitätszielen optimiert. Dafür werden schwach rentable Werbewege und Medien reduziert. Auf Kunden mit einer schwachen Grenzrentabilität wird ganz verzichtet. Die Potenziale werden dadurch natürlich deutlich eingeschränkt und das führt zu einem Rückgang der geworbenen Neumitglieder, aber zu deutlich verbesserten Rentabilitäten der geworbenen Neumitglieder.

Kann mit diesen Neukunden der Kundenabgang des Clubs nicht kompensiert werden (trotz intensiver Kundenbindung), bewirkt das einen Rückgang des Mitgliederbestandes mit entsprechendem Einfluss auf die Strukturkosten und damit Auswirkung auf die Gesamtunternehmensrendite des Clubs.

Bestandserhaltung

Für die Bestandserhaltung wird die Menge der zu werbenden Kunden an den erwarteten Kundenabgangszahlen orientiert, d. h. die Neumitglieder gleichen den Kundenabgang aus. Dafür werden die Werbewege- und der verfügbare Media-Mix innerhalb der geplanten Werbemengen optimiert.

Wachstum

Für eine Wachstumsstrategie müssen alle Werbewege und der Media-Mix aufgrund des geplanten Mengenzuwachses optimiert werden. Für alle Werbewege werden Maximalplanungen erstellt, deren Mengenziele nur bei Belegung auch schwachrentabler Werbemedien erreicht werden können. Das führt zu deutlichem Zuwachs geworbener Neumitglieder und in der Regel leider zu deutlich reduzierten Rentabilitäten. Der Spielraum für Wachstum ist begrenzt, denn wirklich aggressive Wachstumsstrategien sind angesichts des Wettbewerbs-

Jürgen Müller

umfeldes und des schwachen Marktwachstums heutzutage kaum noch finanzierbar. Doch durch intelligent verknüpfte crossmediale Kampagnen können beim Club Bertelsmann noch ungenutzte Wachstumspotenziale erfolgreich erschlossen werden.

Wie bei allen New-Member-Strategien muss auch bei der Realisation einer Wachstumsstrategie der Life-time-Value deutlich gesteigert werden, um zusätzliche Wachstumspotenziale erschließen zu können (Verschiebung der Rentabilitätskurve). Das kann nur durch eine intensive Zusammenarbeit der Neumitgliederwerbung und dem Bestandsmarketing erreicht werden.

Werbewege- und Werbemedia-Mix

Die Strategie des Werbewegeportfolios mit dem entsprechenden Media-Mix wird aus der New Member Strategie abgeleitet. Dafür müssen neben den erwarteten Renditen die verfügbaren Potenziale sowie die erkennbaren Interdependenzen der Werbewege einkalkuliert werden.

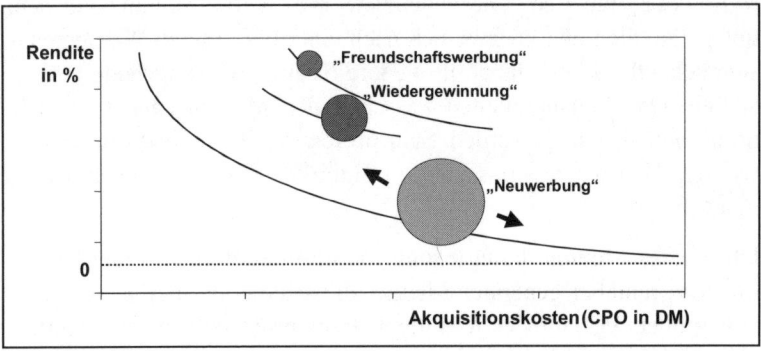

Abbildung 3: Die Rentabilitätskurven der unterschiedlichen Werbewege.

Deutlicher Zuwachs im Bereich der Neuwerbung ist dabei möglich, aber nur auf Basis steigender Akquisitionskosten. Die Potenziale bei der Freundschaftswerbung und der Wiedergewinnung sind kunden-bestands- oder kundenabgangsorientiert, d. h. begrenzte zusätzliche Potenziale sind vorhanden und schnell steigende CPO's. Die Freund-schaftswerbung hängt stark vom Zugang frischer Neukunden ab, da diese in der Regel überdurchschnittlich aktive Werber sind.

Neuwerbung

Unter Neuwerbung wird die Ansprache der Zielgruppen verstanden, die noch keine Cluberfahrung gesammelt haben. Im Bereich der Neuwerbung werden dafür alle verfügbaren Medien in unterschiedli-cher Gewichtung eingesetzt. Die Rentabilitäten der Medien hängen auch hier von den geworbenen Werbemengen ab. So ist Abbildung 3 ein Beispiel für eine aktuelle Wachstumsstrategie. Die Rentabilitäten der Neumitglieder resultieren aus der jeweiligen Werbemenge, die über die einzelnen Medien generiert wurden und bewegen sich eben-falls an einer Rentabilitätskurve, die für jedes Medium ermittelt wer-den muss. Sie hängt ab von Mediakosten, Zielgruppe, Werbebot-schaft, Erscheinungs-/Versandtermin, Häufigkeit der Belegung („re-roll-Faktor" etc.) ab. Die Potenziale pro Werbemedium sind sehr unterschiedlich und können sich nach einer bestimmten Werbemenge sehr schnell als unrentabel für weitere Neumitgliederwerbung heraus-stellen. Die Abhängigkeiten zwischen den Medien kann hier nicht direkt berücksichtigt werden. Sehr professionell kann jedoch versucht werden, über Regressionsanalysen Signifikanzen zu erkennen und zu quantifizieren.

Über jedes Medium kann nur ein bestimmtes Potenzial an Neumit-gliedern rentabel generiert werden. Es ist eine schwierige Aufgabe, den groben Verlauf der jeweiligen Rentabilitätskurven zu ermitteln und mit Potenzialeinschätzungen zu versehen.

Bei der Zusammenstellung des Media-Mixes sind die jeweiligen Rentabilitätskurven so mit einander so zu verbinden, dass, auf die geplanten Werbemengen bezogen, eine renditeoptimale Abschöpfung erreicht werden kann.

Jürgen Müller

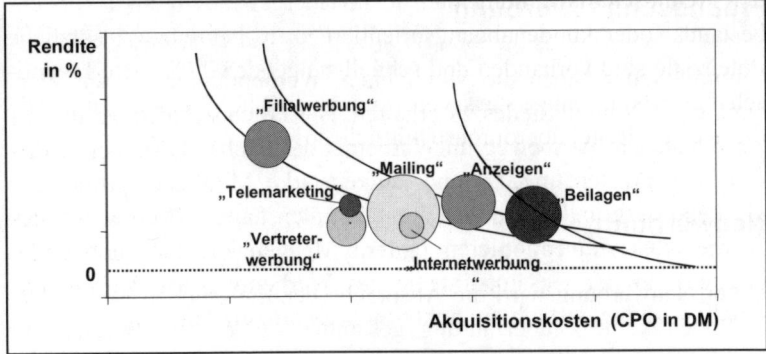

Abbildung 4:   Möglicher Media-Mix einer Wachstumsstrategie mit einigen der Rentabilitätskurven

Bei dieser Zusammenstellung des Media-Mixes muss versucht werden die Medien so aufeinander abzustimmen, dass eine gegenseitige Stützung erreicht wird, jedoch keine unkoordinierte Konkurrenzierung stattfindet. Werden durch neu erschlossene Kommunikationswege zur Neumitgliederwerbung (z. B. Internet, SMS) keine zusätzlichen Potenziale erschlossen, führt das zu einer reinen Budgetaufstockung und Umverteilung des Responses mit Effizienzproblemen für alle betroffenen Medien. Eine gewisse Kannibalisierung der Kommunikationsmedien ist unvermeidlich, muss aber beobachtet werden. Dieser Nachweis ist ohne – teilweise aufwendige –Test-Konzeptionen nicht zu erbringen.

Auch innerhalb der einzelnen Medien, z. B. Anzeigenschaltungen, Mailingkampagnen ist eine vergleichbare Feinsteuerung notwendig. Auch in diesen Bereichen müssen die verfügbaren Anzeigenmedien und Adressgruppen miteinander verglichen werden. Dabei sind auch mögliche Auslaugungs- und Überbelegungseffekte zu berücksichtigen. Die für die jeweiligen Zielgruppen und Medien erfolgreichsten Kreativkonzepte müssen so verknüpft werden, dass auch hier die Abschöpfung der rentabelsten Kunden erreicht wird.

Dieses Prinzip wird beim Club Bertelsmann auch auf die Werbewege Freundschaftswerbung und Wiedergewinnung angewendet.

Freundschaftswerbung

Clubmitglieder haben die Möglichkeit, Werbeprämien für die Werbung eines Neumitgliedes zu erhalten. Die Freundschaftswerbung ist der rentabelste Werbeweg im Werbemix des Clubs, da sie bei niedrigen Werbekosten umsatz- und laufzeitstarke Mitglieder produziert. Sie kann aufgrund der hohen Rentabilitäten andere Werbearten des Werbemixes subventionieren (sofern Mengenziele dies notwendig machen). In der Gesamtstrategie des Werbemixes ist der Freundschaftswerbung deshalb ein hoher Stellenwert beizumessen.

Als Hauptmedium zur Freundschaftswerbung wird der Club-Katalog und das Internet eingesetzt. Diese Basiskommunikation wird durch Mailinganstöße an potenzielle und erfolgreiche Werber, durch Paket- und Rechnungsbeilagen sowie durch Filialaktivitäten zusätzlich unterstützt. Starke Werbeaktivitäten zur Neumitgliederwerbung reduzieren die Potenziale der Freundschaftswerbung.

Wiedergewinnung

Gründe für eine Kündigung sind konkrete Beschwerden über Servicemängel, Unzufriedenheit mit der Abnahmeverpflichtung, reduzierter Bedarf, aber auch die angebliche Bevorzugung von Neumitgliedern („Gewährung von Einstiegsangeboten"). Der erste Wiedergewinnungsversuch setzt in der Regel bereits bei der telefonischen Entgegennahme der Kündigung ein. Aber auch ein bereits abgewanderter Kunde muss nicht für immer verloren sein. Denn viele ehemalige Kunden waren lange Zeit treue und zufriedene Mitglieder und verfügen durchaus nicht nur über einen negativen Erfahrungsschatz. Darüber hinaus entwickeln verlorene Kunden nach einer Rückgewinnung oft ein stärkeres Vertrauen und eine stärkere Loyalität zum Club als permanent treue Mitglieder.

Natürlich soll nicht jeder Kunde zurückgewonnen werden. Hier werden beim Club Bertelsmann über den Einsatz von Scorekarten strenge

Jürgen Müller

Qualitätsselektionen gesetzt, um nur die wirklich interessanten Kunden wiederzugewinnen. Es ist deutlich günstiger einen ehemaligen Kunden zurückzugewinnen (auch aufgrund der Nutzung von schriftlicher Neuwerbung und schriftlicher Wiedergewinnung), als einen neuen zu akquirieren. Die Kosten für die Gewinnung eines Neumitgliedes sind das zwei- bis dreifache gegenüber der Wiedergewinnung eines ehemaligen Kunden! Hinzu kommt die überdurchschnittliche Qualität der wiedergewonnen Mitglieder. Von daher ist auch dem Bereich der Wiedergewinnung im Werbewege-Mix der Neumitgliederwerbung eine große Bedeutung zuzuschreiben.

Die für die Wiedergewinnung beim Club eingesetzten Medien sind in der konkreten Kündigungsphase das passive Telefonmarketing, danach in erster Linie Mailings, die genau auf die angesprochene Zielgruppe (Hauptinteressengebiete etc.) zugeschnitten sind. Eine Selbstverständlichkeit muss es in diesem Zusammenhang sein, bei der Anmietung von Fremdadressen für Neukundenmailings, auch den Bestand an ehemaligen Kundenadressen als Negativabgleich zu nutzen. Das verhindert falsche Kundenansprachen und unnötige Investments.

Die zweite Dimension des crossmedialen Dialoges

In dieser Dimension geht es um die Werbebotschaften, die inhaltliche Verknüpfung einzelner Medien, ihre zeitliche Abstimmung und die kreative Umsetzung der Maßnahmen.

Allgemeine Konsumententrends wie Individualisierung der Verbrauchernachfrage und Rückgang stabiler Verbrauchermuster fordern für diese multioptionalen Kunden koordinierte Crossmedia-Kampagnen. Denn diese „hybriden" Kunden informieren sich über alle verfügbaren Informationskanäle wie Print, Mailing, TV, Hörfunk, Internet, den stationären Handel und „Mund-zu-Mund"-Propaganda. Eine zielgruppenorientierte Kampagne verknüpft die für eine Zielgruppe relevanten Medien inhaltlich und stimmt die Maßnahmen insbesondere zeitlich aufeinander ab. Die Isolierung einzelner Medien kann nur zu suboptimalen Ergebnissen führen. Neben der Abstimmung der Neumitgliedermaßnahmen untereinander müssen selbstverständlich auch alle Synergieeffekte mit klassischer Werbung zur systematischen Durchdringung des Marktes genutzt werden.

Die Frage ist jedoch, in wie weit eine erfolgreiche Crossmedia-Kampagne stark vereinheitlichte Werbebotschaften und eine weitgehende gestalterische Übereinstimmung erforderlich macht. Nicht zu unterschätzen ist dabei das Risiko bei diesen hybriden Zielgruppen mit einer quasi „monokulturellen" Crossmedia-Kampagne langfristig gerade nicht die optimal erzielbaren Ergebnisse zu erzielen. Mit einer „multikulturellen" Kampagne, d. h. mit einer breiten Palette unterschiedlicher, auf die diversen Zielgruppen zugeschnittenen Kreativkonzepten und Angebotsformen sowie der entsprechenden Produktauswahl lässt sich dieses Risiko deutlich reduzieren. Und im Vergleich zu monokulturellen Strategien werden die Kosten pro Neukunde deutlich interessanter sein. Eine multikulturelle Crossmedia-Kampagne mit breit angelegter Marktbearbeitung ist deshalb der Schlüssel zu langfristig erfolgreicher Neumitgliederwerbung beim Club Bertelsmann.

Inhaltliche Steuerung von Crossmedia-Kampagnen

Der Erfolg der Neumitgliederkampagnen hängt entscheidend von der zielgruppenadäquaten Ansprache der immer differenzierteren Zielgruppen ab. Dazu gehört neben der präzisen Auswahl und zeitlichen Belegung der Medien auch die inhaltliche und kreative Abstimmung der werblichen Kommunikation auf die jeweilige Zielgruppen, d. h. die zielgruppenadäquate Selektion der Werbeträger und der Kommunikationsinhalte. Da immer mehr unterschiedliche Kommunikations-

Jürgen Müller

kanäle von den Zielgruppen genutzt werden, sind heute Crossmedia-Kampagnen gefragt, die sich konsequent am Kommunikationsverhalten der Zielgruppen ausrichten und durch eine optimierte Kontaktintensität Aufmerksamkeit schaffen. Dafür ist es notwendig, eine Stringenz in den grundsätzlichen Werbeinhalten sicherzustellen und dabei jedoch die unterschiedlichen Möglichkeiten der diversen Medien zu nutzen. Beim Club Bertelsmann werden potenziellen Neumitgliedern unterschiedliche Einstiegsangebote offeriert, um sie von der Qualität der Clubleistungen zu überzeugen. Häufig unterbreitete Angebote sind „Fünf Bücher für je zwei Mark Versandkosten" oder „Hundert Mark Einstiegsangebot" sowie eine weite Range leicht abgewandelter Formen. Diese Einstiegsangebote lassen sich inhaltlich nicht über alle Medien gleichermaßen kommunizieren. So müssen die Werbebotschaften für Anzeigen (mit begrenzt kommunizierbaren Werbeinhalten), Akquisekataloge und die Filialwerbung (umfangreichere Möglichkeiten) bis zur Internetwerbung (fast unbegrenzten Möglichkeiten des Angebotes von Werbeinhalten) individuell angepasst werden. Die Vorteilhaftigkeit der einzelnen Angebote für die potenziellen Neumitglieder liegt beim Club jedoch immer auf einem vergleichbaren Niveau. Insbesondere bei crossmedialen Verweisen („Weitere Produkte auch im Internet", „Gehen Sie auch in unsere Filialen" etc.) muss jedoch eine absolute Stringenz der Werbebotschaft sichergestellt sein. Interessant ist in diesem Zusammenhang, dass auch das Angebot crossmedialer Verweise genau untersucht werden sollte, denn nicht immer wirken diese responsesteigernd. Gerade Internetverweise können auch Response kosten in dem Kunden „entsurfen".

Gestalterische Abstimmung von Crossmedia-Kampagnen

Crossmediale Neumitgliederwerbung bedeutet beim Club Bertelsmann mehr, als auf allen Kommunikationskanälen mit einem Key-Visual im CI-Look aufzutreten. Die diversen Zielgruppen potenzieller

Neumitglieder müssen von der Vorteilswelt des Club Bertelsmann überzeugt werden. Und zwar durchgängig und markenadäquat, nicht jedoch über der Einhaltung enger CD-Richtlinien („multikultureller Ansatz"). Der Fokus liegt eindeutig auf den Werbeinhalten und den erzielten Responsequoten. „Der Köder muss dem Fisch schmecken und nicht dem Angler" und schon gar nicht zu eng ausgelegten CI-Richtlinien. Und zwar unterschiedliche Köder für viele unterschiedliche Fische. So setzt der Club Bertelsmann in einem Geschäftsjahr inkl. der Testvarianten rund 60 unterschiedliche Anzeigenmotive, 40 unterschiedliche Beilagenkonzepte und 30 unterschiedliche Mailing-Konzeptionen ein. Diese werden auf die unterschiedlichen Zielgruppen, Werbeträger und Adressgruppen hin abgestimmt und anläßlich jeder Kampagne wiederholt getestet. Für Testansätze alternativer Neukonzeptionen wird dabei rund zehn Prozent des Budgets investiert. Der Erfolg der Neumitgliederwerbung wird ausschließlich auf der Basis der erzielten Werbemengen und der erreichten Rentabilitäten gemessen. Die Erreichung übergeordneter Image- und Markenzielsetzungen hat eine nachgelagerte Bedeutung. Alle Versuche über eine stark an CI-Richtlinien orientierte Gesamtgestaltung vergleichbare Response- und Qualitätsziele zu erreichen, hat in der Vergangenheit die Erwartungen nicht erfüllt. Multikulturelle Crossmedia-Kampagnen werden deshalb für die Neumitgliederwerbung weiterhin erfolgreich eingesetzt.

Ausblick

Basis einer erfolgreichen crossmedialen Neumitgliederwerbung ist ein nach Werbewegen und Media-Mix orientiertes Erfolgscontrolling. Es ist von fundamentaler Wichtigkeit, sich hierfür eine völlige Transparenz über die Kosten und Wirkungszusammenhänge der konkreten Einzelaktionen der Neumitgliederwerbung zu schaffen. Nur dann ist es möglich, die richtigen Maßnahmen zu optimalen Kosten zu realisieren und damit eine effiziente Budgetausnutzung zu erreichen.

Jürgen Müller

Das wird zusätzlich gestützt durch die Realisierung aller Effizienzpotenziale der crossmedialen Neumitgliederwerbung. Dazu gehört ein intelligentes Mediapooling zur Senkung der Mediakosten und bei nachgewiesener Signifikanz – die Adaption crossmedialer Testansätze (Internettests sind günstiger zu realisieren als Beilagensplits, die wiederum günstiger als Anzeigensplits sind etc.).

Wahrer crossmedialer Dialog wird nur möglich sein, wenn die Marketingbereiche noch weiter verschmelzen: bei den Medien (Off- und Online-Vermarkter, Offline- und Online-Redakteure), bei den Werbetreibenden (Offline-/Online, direct und klassisch etc.) und bei den betreuenden Agenturen.

Werden zukünftig durch den Fall des Rabattgesetzes und der Zugabeverordnung Kundenbindungsprogramme und Loyalitätskonzepte mit deutlich gesteigertem Nutzen für den Kunden etabliert, wird das die Neukundengewinnung deutlich erschweren, sofern das Unternehmen nicht selber über ein wettbewerbsfähiges Kundenbindungsprogramm verfügt, das als zusätzlicher Kundennutzen in die Kommunikation eingebaut werden kann. Und gerade in diesem Bereich verfügt der Club Bertelsmann mit seiner Markt- und Kundenkenntnis über eine ideale Basis für die Zukunft.

Das m-flex-Projekt

Petra Lüftner und Martin Keller

Der Konflikt von Individuum, Masse und Klasse

Die erste Werbeaktion der Welt war Zweier-Dialogmarketing pur. Adam und Eva bewarben sich gegenseitig unter vier Augen um die Zuneigung des anderen. Der Störfaktor Schlange brachte diese Erfolg versprechende Zweierkommunikation abrupt zum Einsturz.

Denn jede gegenwärtige Kommunikation wird von Störfaktoren eingekesselt. Sei es der massige legitime Wettbewerb der Anbieter, sei es der Erguss von Vorteilsargumentationen, der in Form zuckersüßer, schwer verdaulicher Allgemeinplätzchen auf uns einstürzt, sei es die uns als soziale Massenklons ansehende Direktmarketingindustrie, die meint, uns mit grellen Briefen und Nennungen unseres Namens erst blenden und dann ködern zu können.

Effiziente Kommunikation und Werbung muss ihre Zielgruppen so individuell, bedürfnisorientiert und einfühlsam wie nur möglich ansprechen. Wenn es gelingt, das Konfliktdreieck Individuum, Masse und Klasse umzukehren in eine Form der intimen Vertrauensbildung zwischen Werbendem und Umworbenen, erreichen wir eine Kommunikation, die nicht nur wirtschaftlicher in der Herstellung und erfolgreicher im Feedback ist, sondern vor allem humaner. Anders ausgedrückt: Hard selling goes soft communication.

Mittlerweile sind die Begriffe Dialogmarketing und CRM in aller Munde. Durch Publikationen der Wirtschafts- und Branchenmedien interessieren sich immer mehr Dienstleistungsfirmen und mittelständische Unternehmen dafür. Allgemein herrscht allerdings die Auffassung vor, dass der für die Realisierung erforderliche Aufwand einige Stufen zu hoch sei. Dialogmarketing will und muss individuell sein. Andererseits führt kein Weg daran vorbei, diese Individualisierung mittels diverser Automatisierungsprozesse zu erzielen.

Anhand der webfähigen Applikation „m-flex" können neuerdings One-to-One-Informationen erstellt werden, die sich am besten durch außergewöhnliche Flexibilität und Schnelligkeit sowie eine beeindruckende Leichtigkeit der Abwicklung umschreiben lassen. Und dies zu Kosten, die man in ihrer Relation zum bisherigen durchaus als Quantensprung zugunsten der Nutzer bezeichnen darf. Documents on demand – vorgestellt am folgenden Praxisbeispiel PKW-Katalog.

PKW-Katalog: Die Aufgabenstellung

Gefragt war die automatische Herstellung von individualisierten und mit aussagefähigen Abbildungen ausgestatteten Gebrauchtwagen-angeboten. Die Abwicklung sollte über das Internet erfolgen. Es wurden gleichzeitig hohe Anforderungen an Layout und Druckqualität gestellt. Ziel sollte es sein, vollautomatisiert ein professionelles, hochwertigen Fahrzeugen angemessenes Werbemittel zu erzeugen. Dadurch wäre man auch bei der Auflage 1 in der Lage, einen preiswerten Prospekt anbieten zu können: Sozusagen Premium-Individualität von der Stange. Die für die Realisierung entwickelte Applikation wurde „m-flex" getauft – Marketing in seiner wohl flexibelsten Form.

Petra Lüftner und Martin Keller

Das Ablaufprinzip

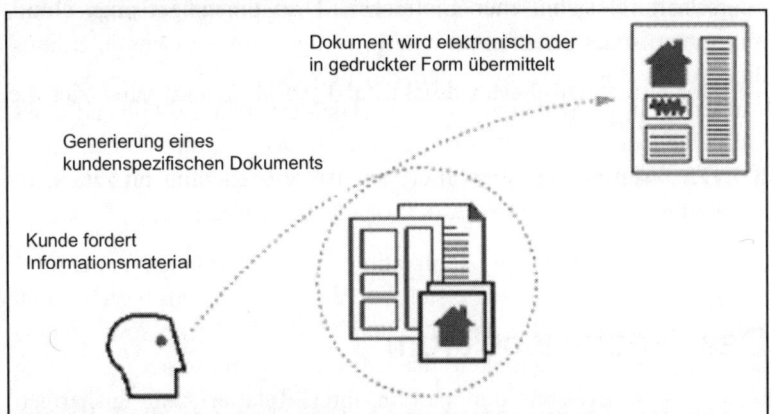

Abbildung 1:   Das Abblaufprinzip

1. Kunde „Autohaus" erstellt Digitalfotos der zu bewerbenden Gebrauchtwagen und speichert die Daten im PC.

2. Kunde „Autohaus" meldet sich per Internet durch Eingabe von Name und Passwort bei „m-flex" an.

3. Kunde „Autohaus" wählt aus dem Layoutarchiv die gewünschte Darstellungsform aus, sendet Bilddaten und die gewünschten Textinformationen zum Fahrzeug (Alter, km, Sonderausstattung, Preis, Finanzierung) an den m-flex-Server.

4. Der Web-Server erzeugt aus den Daten und den hinterlegten Daten den Prospekt.

5. Der m-flex-Server sendet dem Kunden eine PDF-Datei des Prospektes – als Proof zur Freigabe (Variante A) oder zur direkten Ausgabe auf dem Drucker des Autohauses (Variante B).

6. Bei Variante A sendet der Web-Server die Prospektdaten zusammen mit einer Auftragsdatenbank (Kunde, Name, Lieferanschrift, elektronischer Lieferschein) an einen der angeschlossenen Druckdienstleister.

7. Der Druckdienstleister druckt, falzt, verpackt und versendet die Prospekte.

8. Der Web-Server übermittelt die Rechnungsdaten an ein kaufmännisches System zwecks Projektabwicklung.

Das Problemspektrum

Alle Prozesse laufen automatisch ab. Dabei kommen alle bekannten Grundprobleme des personalisierten und individualisierten Druckens zum Tragen:

1. Niemand weiß vorab genau, welche Textmengen in die vorgesehenen Rahmen des Layouts einlaufen werden. Also müssen entsprechend voluminöse Rahmen vorgesehen werden, damit auch ein langer Name oder eine ausführliche Liste von Sonderausstattungen eingefügt werden können. Die Folge wären dann Rahmen mit viel Leerraum bei geringem Textaufkommen, viel Text würde das Layout verklemmen.

2. An Umbruch und Silbentrennung werden ebenfalls Anforderungen gestellt, die von den üblichen Desktop-Program-men nicht erfüllt werden können; denn es kann bei den geplanten automatisierten Prozessen nicht korrigierend eingegriffen werden, die Umbruchautomatik muss also hochwertige Ergebnisse gewährleisten.

3. „Interncodes" in den gespeicherten Layouts verhindern einen transparenten Zugriff auf Form und Inhalt, der für eine optimale Verwaltung und Pflege notwendig wäre.

Petra Lüftner und Martin Keller

4. Probleme auch an der Druckerperipherie: PostScript- und PDF-Dateien erweisen sich für den Ausdruck individueller Prospekte als zu langsam und sind daher nur bei kleinsten Mengen wirtschaftlich.

5. Mit der gängigen Standard-Software war es nicht möglich, *alle* Funktionen vom Web aus auszulösen, zu steuern und zu kontrollieren.

Die mittlerweile praxisbewährte Lösung

Mit Hilfe der Software Mpower von Pageflex Inc. (Boston, USA) konnte der Problemkreis erfolgreich aufgelöst werden. Dieses Produkt, bestehend aus den Elementen „Mpower Designer", „Mpower Producer" und „Mpower Server", bot darüber hinaus noch weitere Optionen:

1. Das Mpower Designtool, der „Designer" erlaubt das Erstellen flexibler Layouts. Die Rahmengrößen (Container) passen sich den einfließenden Texten und Bildern dynamisch und nach fest definierbaren Regeln an.

2. Umbruch und Silbentrennung erfüllen alle Anforderungen an ein hochwertiges Erscheinungsbild: Einlaufender Text wird „vorlaufend" berechnet, die Silbentrennung wird über mehrere Absätze optimiert, so dass ein optimaler Umbruch entsteht.

3. Der interne Code der dynamischen Layouts (Templates) wird vollständig als XML gespeichert und ist damit offen, lesbar und zukunftssicher. XML speichert per Definition Form und Inhalt getrennt, erlaubt Datenbank- und Variablenaufrufe und repräsentiert somit das ideale Datenformat für variable Dokumente.

4. Mpower beherrscht die Ausgabeoptimierung für alle wichtigen Drucksysteme: VPS, JLYT, PPML u. a.

5. Eine API erlaubt die Steuerung des gesamten Ablaufs über das Internet. Auch die sofortige (!) Rückgabe eines Proofs (als PDF, GIF oder JPEG) an eine Webseite ist möglich. Die API ist unabhängig von Programmiersprache und Plattform.

6. Der Mpower „Producer" verwaltet komfortabel die Anbindung an Datenbanken (z. B. Digital Asset-Systeme wie „Wave MediaBank"), die Regeln für die Variablen, die verwendeten Templates und die Ausgabeoptionen. Diese werden als „Jobs" mit Bezeichnern versehen und können über die API (z. B. vom Web aus) einfach aufgerufen werden.

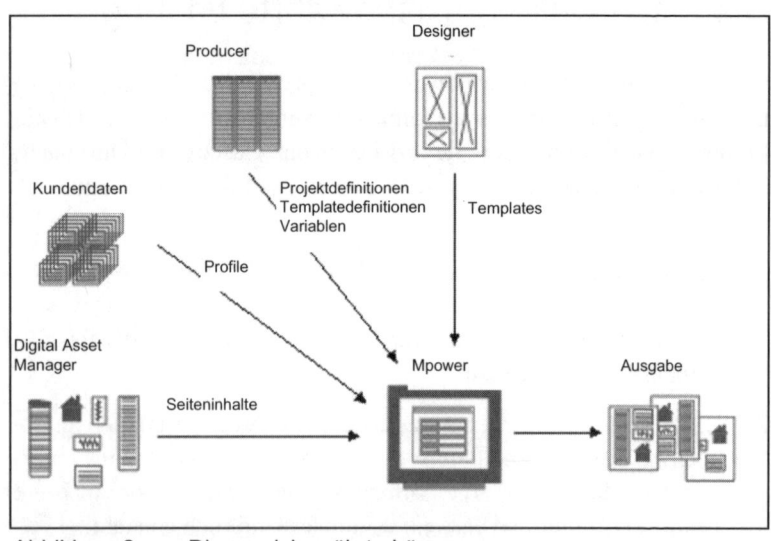

Abbildung 2:   Die praxisbewährte Lösung

Diese Produkt-Architektur hat sich für Projekte der vorgestellten Art als ideal erwiesen: Sie ist unabhängig von Programmiersprachen, Datenbanken und Umgebungen – kann also problemlos in die unterschiedlichsten Strukturen eingebunden werden. Auch ausgabeseitig ist man nicht an bestimmte Hersteller gebunden. Dadurch eröffneten sich bei der Erstellung der Web-Seiten und der zugrunde liegenden Verwaltung (Datenbanken) alle nur denkbaren Freiheiten.

Petra Lüftner und Martin Keller

m-flex heute

Der vollständig automatisierte Ablauf sieht heute so aus:

1. Kunde „Autohaus" erstellt Digitalfotos der Fahrzeuge.

2. „Autohaus" ruft Login-Seite auf.

3. Nach Eingabe von Benutzername und Passwort erfolgt die Begrüßung durch das System.

4. Auswahl „Neubestellung" oder „Nachbestellung".

5. Bilder und Texte werden geladen und automatisch überprüft.

6. Bilder werden auf Viren geprüft und, falls notwendig, in ein druckbares Format konvertiert oder abgewiesen, falls unbrauchbar.

7. Die Daten werden zur visuellen Überprüfung auf eine Web-Antwortseite zurückgegeben.

8. Nach Überprüfung und Bestätigung erscheint das Bestellformular.

9. Jetzt erfolgt die Auswahl aus verschiedenen Layouts (Prospekt, Preisblatt, Flyer etc.).

10. Dann werden die Auflagenhöhen für die gewünschten Layouts eingegeben.

11. Option: Sofortige Rückmeldung (Proof) im PDF-Format.

12. Übergabe der Daten an den Dokument-Engenerierungsprozess (Mpower Server).

13. Versand der Druckdaten an den Druckdienstleister (z. B. über Nacht automatisch per FTP).

14. Rückmeldung der erfolgreich übertragenen Daten an die Datenbank.

15. Druck, Weiterverarbeitung und Versand der Drucksachen durch den Druckdienstleister.

16. Konvertierung und Übergabe der Daten an das kaufmännische System.

17. Zeitlich begrenzte Archivierung der Prospektdaten für Nachbestellungen.

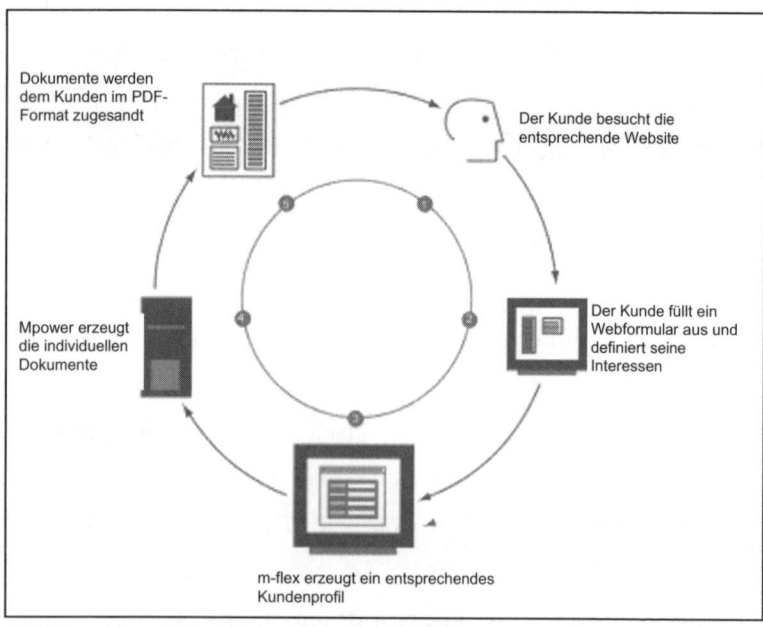

Abbildung 3:   Funktion von m-flex heute

Als Datenbanken kommen SQL-Systeme (Microsoft SQL-Server, Oracle) zum Einsatz. Die Web-Anwendung wurde komplett in Perl und Java-Scripten erstellt. Dadurch sind sie sowohl auf Windows als auch auf Unix lauffähig. Mittlerweile greifen auch ASP- und PHP-Web-Anwendung auf den Mpower-Server zu. Als Web-Server

Petra Lüftner und Martin Keller

werden meistens Apache oder Microsoft IIS eingesetzt. Außer der üblichen Server-Pflege durch die Administratoren sind keine Eingriffe in das System notwendig.

Test-Server für Interessenten

Da der Web-Server für die Gebrauchtwagenprospekte nur für die angemeldeten Vertragspartner zugänglich ist, steht ein Server bereit, auf dem der gesamte Ablauf ausführlich erklärt wird und auf dem man die beschriebenen Vorzüge testen kann: www.m-flex.de. „m-flex" hat sich mittlerweile in der Praxis bewährt. Documents on demand lassen sich nun konfliktfrei für eine Vielzahl von Branchen realisieren. Die Ära des One-to-One-Marketing kann beginnen.

Die Zukunft der One-to-One-Kommunikation

Christian Kux

„Der charakteristischste neue Ort in der innovierten Medienwelt ist nicht zufällig jenes Interface, das nicht mehr den Begegnungsraum zwischen Gesichtern bezeichnet, sondern den Kontaktpunkt zwischen Gesicht und Nicht-Gesicht oder zwischen zwei Nicht-Gesichtern. "

Peter Sloterdijk, Spähren I, Frankfurt 1998

Einführung

Um das oft verwendete Schlagwort von der „One-to-One-Kommunikation" genauer fassen zu können, erscheint es sinnvoll, auf die uns allen bestens bekannte Form der One-to-One-Kommunikation zurückzukommen: das Telefonieren. Da tritt eine Person via Kupferkabel, Mikrofon, Kondensator und Lautsprecher von einem Ort in Kontakt mit einer anderen Person an einem anderen Ort. Das ist für uns kaum noch spektakulär, nicht einmal unter Gesichtspunkten des von überall nach überall Mobiltelefonierenkönnens. Und wer mag, kann sich seit Anfang der 90er Jahre von den großen Telekommunikationsgesellschaften auch ein so genanntes Bildtelefon installieren lassen, mit dem er dann auch visuell mit anderen Bildtelefoninhabern in Kontakt treten kann.

Aber ist es das, was wir uns von Konzepten wie „One-to-One-Kommunikation" oder „One-to-One-Marketing" erwarten? Wohl kaum.

Zwei inzwischen nicht mehr ganz neue One-to-One-Kommunikation-Tools sind E-Mails und Chats: die Killerapplikationen aus der Pubertät des Internet. Sie ermöglichen das sagenumwobene „Feedback" auf zuvor präsentierte Inhalte, zum Teil sogar fast in Echtzeit wie der Veteran unter den Chat-Clients, der Internet Relay Chat, kurz IRC. Dass es sich bei den legendären E-Mails tatsächlich nur um das zwar bedeutend vereinfachte, aber im seinem Wesen umso altertümliche Briefeschreiben handelt, wird in Abhandlungen über so genannte Zukunftstechnologien nur ungern erwähnt.

Zwei ganz andere, wesentliche Eigenschaften scheinen die Kommunikation via Interface (sei es das einer Website, eines Chat-Clients oder eines Mobilfunk-Displays) jedoch viel dramatischer zu kennzeichnen: die Anonymität und die Ungerichtetheit dieser „interaktiven" Begegnungen.

Wer sich wirklich hinter der Adresse einer E-Mail, einem Chat-Pseudonym oder einer Mobilfunktelefonnummer verbirgt, ist für den normalen „User" solcher Dienste größtenteils nicht auszumachen – und für viele stellt diese Tatsache gerade den Reiz dieser Art der Kommunikation dar.

Was die Ungerichtetheit der erwähnten Interaktionen betrifft, so kennt wohl jeder das Phänomen des Empfangs einer SMS-Kurzmitteilung oder einer E-Mail, die als Botschaft oft nichts anderes enthält als die Aufforderung, sich per Telefon oder realiter in einem Büro oder einem Kaffeehaus direkt miteinander auszutauschen.

Ein letzter Mythos moderner Kommunikationstechnologien sei in dieser bewusst kritisch überspitzten Einführung ins Thema noch angeführt: der allgegenwärtige Wunsch nach *Interaktion*.

Die Möglichkeit der Interaktion mit einer Website oder anderen „Usern" derselben Website ist mit der wachsenden Popularität des

Christian Kux

Internet in den letzten Jahren zu einer Art Allzweckwaffe in Sachen Kommunikation und damit zum Inbegriff des Mehrwertes von Online-Diensten stilisiert worden. Dabei drängt sich zunehmend der Verdacht auf, dass es sich bei Interpretation und Nutzen dieses Begriffes um ein mehr oder weniger in Kauf genommenes Mißverständnis handelt.

Interaktion bedeutet zunächst nicht mehr und nicht weniger als zwischenmenschliches Sichverhalten, das sich im Allgemeinen durch Körpersprache, Meinung und Handlung ausdrückt. Diesem Muster menschlichen Verhaltens kommen elaborierte Computerspiele, in denen der „User" unter verschiedenen Charakteren seinen Stellvertreter (Avatar) mit bestimmten (meist kriegerischen) Eigenschaften auswählt, um damit die Herausforderungen eines fiktiven Spielekosmos zu meistern, noch am nächsten.

Was die Interaktion mit einer durchschnittlichen Website betrifft, sieht es schon um einiges profaner aus: Man kann an die Urheber eine E-Mail mit Verbesserungsvorschlägen oder Kritik senden, sich den einen oder anderen Inhalt „downloaden" und an einem thematisch oft kryptischen Chat teilnehmen.

Im besten Falle erlaubt eine technologisch sehr aufwendige Website die (selbstverständlich freiwillige) Angabe persönlicher Daten zur Erstellung so genannter „Profile". Man verrät einer Datenbank, wer man wirklich ist, was man so macht im Leben, wie man sich finanziert und woran man interessiert ist. Dynamische Systeme leiten daraus automatisch Nutzerprofile ab, um den nun wiedererkennbaren „User" nur noch mit erwünschten Bestandteilen eines überbreiten Angebotes zu versorgen. Solche Nutzerprofile werden im Übrigen auf statistischer Basis auch ohne bewusste Einflussnahme des „Users" erhoben, um kontextbezogene Angebote zu offerieren (Amazon: „Wenn Sie sich für dieses Buch interessieren, könnten Ihnen auch die Bücher der folgenden Autoren gefallen ...").

One-to-One-Kommunikation

Kehren wir nun an unseren Ausgangspunkt zurück, so wird deutlich, dass es sich bei Geschäftsmodellen, die auf One-to-One-Kommunikation zu basieren scheinen, zwar um Kommunikation von einem – recht neutralen und nicht notwendig weiter spezifizierten – *Punkt* (dem Anbieter) zu einem anderen – ebenso wenig definierten – anderen Punkt (dem „User") handelt, jedoch sehr wenig mit dem tatsächlichen Austausch zwischen zwei identifizierbaren Menschen zu tun hat.

Die auf beiden Seiten ausreichenden Spezifikationen sind insbesondere technischer Natur und betreffen vor allem die Art des Zugangs (Bandbreite, Rückkanal, Sicherheit) und die Art des Angebotes oder der Dienstleistung (Information, Kauf, Miete).

Die Vorteile für Anbieter und „User" liegen auf der Hand. Der Anbieter „kennt" seine Kunden, das heißt, er verfügt über detaillierte Informationen darüber, in welcher Weise sein Kunde angesprochen werden möchte, was sein Kunde wünscht und wieviel er innerhalb eines definierten Zeitraumes bereit ist, dafür auszugeben.

Der „User" oder Kunde verfügt ebenso über detaillierte Informationen über das Produkt oder die Dienstleistung, die er in Anspruch nehmen möchte. Er bestimmt Art, Umfang und Dauer des Angebotes selbst und kann jederzeit seine Kosten kontrollieren.

Für den Betrieb rückkanalfähiger, non-linearer Systeme sind eine Vielzahl kostenintensiver Einheiten wie leistungsfähige, globale Server-Netze (zum Beispiel via Satellit), die Software-Pakete für ein millionenfaches, profilgesteuertes Customer Relation Management und Content Management und zuverlässige Billing- und Transaction-Systeme notwendig. Verständlicherweise haben bisher nur wenige industrielle Retailer (zum Beispiel das Versandhaus Otto, der Sportartikelhersteller Nike oder der Buchversand Amazon) Shopsysteme in diesen Größenordnungen installieren lassen. Sie verfügen über aus-

Christian Kux

reichende finanzielle Ressourcen, um Investitionen dieser Art langfristig gewinnbringend vorzunehmen.

Trotzdem fehlt dem „reinen" E-Commerce die permanente Präsenz im One-to-Many-Medium par Excellence, das über die größte Reichweite verfügt: im Fernsehen. Erst die Verbindung der reichweitenstarken One-to-Many-Kommunikation des allgegenwärtigen Fernsehens mit den „interaktiven" Potenzialen der One-to-One-Kommunikation im Internet schließt den Kreis digitaler Wertschöpfung.

Das Unternehmen Ponton (www.ponton.de) hat in diesem Zusammenhang eine auf Webtechnologien (Java, Javascript, SMIL, Flash, Quicktime/Real) basierende Anwendung für audio-visuelle Inhalte (hyperstream) entwickelt, die es dem User/Zuschauer ermöglicht, über direkte und kontextuelle Verlinkung Inhalte in Form von Bewegtbildern (AV-Streams) sowohl linear, als auch non-linear abzurufen. Zur Zeit produziert Ponton eine *hyperstream*-Anwendung im Auftrag des internationalen Geschäftsreise-Unternehmens TQ3 Travel Solutions.

Abbildung 1:   Hyperstream   – Multimedia-Anwendung

Die Zukunft der One-to-One-Kommunikation   169

Der erhebliche technische und finanzielle Aufwand für eine derartige Verschmelzung der Systeme, verhindert bis heute deren flächendeckende Verbreitung. Bekanntestes Nadelöhr in diesem Zusammenhang ist die vielbeschworene „letzte Meile" der – rückkanalfähigen und mit ausreichender Bandbreite versehenen – Verbindung zwischen Anbieter und „User", die sich bis vor wenigen Jahren ausschließlich im Besitz der zumeist nationalen Telekommunikationsunternehmen befand.

Als Anbieter war man entweder der Preispolitik eines staatlichen Monopolisten ausgeliefert oder musste immense Summen in eigene Netze investieren, deren Reichweite in absehbarer Zeit nur einen Bruchteil der Zielmärkte abdecken konnte. Mit der zunehmenden Privatisierung großer Teile der staatlichen Kommunikationsunternehmen in den USA Japan und Europa hat sich diese Situation grundlegend verändert. Problematisch ist nun weniger Verfügbarkeit und Bandbreite der Netze, als vielmehr das Fehlen verbindlicher Normen und einheitlicher Standards für Soft- und Hardware. Der Markt bietet sowohl für Anbieter, als auch für „User" eine Fülle technologischer Varianten zur Datenkomprimierung, -verschlüsselung und -verwaltung sowie an Endgeräten zur Nutzung dieser Dienste. Als Beispiel dafür seien hier nur die unterschiedlichen Endgeräte für das europäische Pay TV (Premiere, BSkyB, Canal+) und die verschiedenen Standards für erhöhte Bandbreiten im Mobilfunkbetrieb-UMTS in Europa, CDMA und WCDMA in den USA und Japan genannt.

Der Wunsch nach Verschmelzung der One-to-Many- mit der One-to-One-Kommunikation ist in den vergangenen Jahren unter dem Begriff *Konvergenz* bekannt geworden. Die „Konvergenz" der Medien ist ein fast schon inflationäres Schlagwort, das sich inzwischen hoher Beliebt- und Bekanntheit erfreut, bezeichnet aber trotzdem mit einiger Präzision den derzeitigen Stand der Dinge: Von einer Fusion der One-to-Many- mit der One-to-One-Kommunikation, sei es in Form eines interaktiven Fernsehens oder eines fernsehähnlichen Breitband-Internet kann noch lange nicht die Rede sein, aber der Prozess der

Christian Kux

Konvergenz – das Aufeinanderzutreiben oder Aufeinanderzufließen – ist in Gang gekommen. Dies gilt insbesondere für das Fernsehen und das uns heute bekannte Internet.

Seit den zwar moralisch umstrittenen, dafür aber umso unbestreitbareren Erfolgen von so genannten Reality-TV-Formaten (wie zum Beispiel „Big Brother" oder „Survivor") überall auf dem Globus, haben Fernsehmacher verstanden, dass sie ihre Zuschauer auch über das Internet finden und binden können. Und die Visionäre des Internet sehen sich schon das „veraltete" One-to-Many-Fernsehen einverleiben. Doch für das vielbeschworene Internet-Fernsehen fehlen noch immer die infrastrukturellen Voraussetzungen.

Bis spätestens zum Jahr 2010 soll der Sendebetrieb aller Fernsehanstalten in Deutschland auf digitale Norm, den DVB/Mpeg2-Standard, umgestellt sein. Das haben Bund und Länder 1998 im Rahmen der Initiative „Digitaler Rundfunk" beschlossen, wie viele andere Industrienationen, darunter Japan und die USA, auch. Spätestens dann wird man sich unter Anbietern die Frage nach Rückkanalfähigkeit und damit verbundenen non-linearen Programmstrukturen nicht mehr stellen – die Zuschauer und „User" allerdings umso mehr, denn dann sind zwar Sendung und Übertragung digital, die Empfangsgeräte zu Hause bei den so genannten Endkonsumenten aber noch lange nicht.

Ponton hat bereits 1998 im Auftrag der Deutschen Telekom AG einen DVB-Pilotfilm mit drei parallelen Live-Kanälen und integriertem Interface produziert. Die Anwendung wurde in Zusammenarbeit mit der Loewe Opta GmbH für die Geräte-Serie Xelos@media entwickelt und auf der Cebit und der Internationalen Funkausstellung präsentiert.

Abbildung 2:   Das Labor – Digital Video Broadcast Pilotanwendung

So arbeiten Telekommunikationsunternehmen, TV-Sender und Content-Händler (eigentlich in Zukunft *Inhalte-Anbieter* zu nennen), wenn auch nicht gerade fieberhaft, so doch mit zunehmendem Eifer an neuartigen Programmstrukturen und Geschäftsmodellen, die Inhalte, Werbung und Sponsoring kompatibel mit der On-Demand- und Pay-Per-Use-Nachfrage personalisierter Angebote machen. Klassische Werbung in Form von TV-Spots wird zumindest aus den nonlinearen Programmteilen verschwinden und durch neue Werbeformen ersetzt werden müssen.

Allerdings erscheint die Integration von Werbung und Sponsoring dabei als eine von vielen spielerischen Detailfragen angesichts der in naher Zukunft zu bewältigenden, digitalen Content-Fluten, die sich spätestens zu Beginn des kommenden Jahrzehnts auf uns zu bewegen werden.

Die größte Herausforderung wird es sein, der geballten Kraft von allein in Europa etwa 100 Inhalte-Anbietern und etwa 50 weiteren, internationalen Anbietern aus den USA und Asien konstruktiv zu begegnen. Die Folge globalen und digitalen Broadcastings wären in Europa die 24-Stunden-Programme von etwa 150 Anbietern in 20 verschiedenen Sprachen, deren Prime-Time oder High-Quality-Angebote problemlos in den vier kontinentalen Hauptsprachen Englisch, Spanisch, Französisch und Deutsch angeboten werden können (ähnlich wie auf heutigen DVD's). Betrachtet man exemplarisch nur einmal das wahrscheinliche Angebot an Prime-Time-Spielfilmen für einen Tag, so käme man leicht auf die Zahl 80. Das heißt, der „User" hätte jeden Tag die Wahl zwischen 80 verschiedenen Spielfilmen – eine kaum mehr zu bewältigende Fülle an Optionen; und wir sprechen hier nur von Spielfilmen.

Aus diesen skizzenhaften Erörterungen lässt sich ohne große Mühe schließen, dass sich der Schwerpunkt der audiovisuellen Kommunikation langfristig von einem One-to-Many- zu einem One-to-One-Verhältnis zwischen Anbieter und „User" verlagern wird. Im Mittelpunkt dieser Entwicklung stehen zweifellos die grundsätzliche Einbeziehung des „Users" in den Broadcasting-Prozess (via Rückkanal) und die individuelle Gestaltbarkeit personalisierter Programmstrukturen (Non-Linearität).

Erste Schritte

Die grundsätzlichen Differenzen zwischen dem heutigen Fernsehen und dem uns bekannten Internet sind zunächst unabhängig von der Übertragungstechnik zu betrachten: Das Fernsehen ist auf passiven Konsum ausgerichtet. Nur durch den Programmwechsel (seit etwa 25 Jahren per Fernbedienung) nimmt der Zuschauer peripher Einfluss auf das Medium. Das Internet ist dagegen auf die aktive Neugier seiner „User" ausgerichtet. Beide Arten, sich Informationen anzueignen oder sich unterhalten zu lassen, stellen emotionale Entitäten dar – die eine kann die andere nicht ersetzen.

Nun ist das Fernsehen dem Internet bei der Übertragung audiovisueller Inhalte weit voraus – schließlich ist es in den 30er Jahren zu diesem Zweck konzipiert worden.

Das Internet und der bisher dominierende Programmiercode HTML sind zur Zeit ihrer Entstehung für die Darstellung von Texten und diese verbindenden Hyperlinks (ähnlich den Fußnoten in der Wissenschaftsliteratur) konzipiert worden. Hinzu kommt, daß die Übertragung großer Datenmengen via Telefonleitung, die für Bilder, Töne und deren Ensemble als audio-visuelle Bewegtbilder benötigt werden, nur sehr eingeschränkt tauglich ist. Vereinfacht betrachtet, hat es den Anschein, dass dem Internet fehlt, was das Fernsehen auszeichnet und umgekehrt. Der Fernsehzuschauer hat keinerlei Möglichkeit (mit Ausnahme des Programmwechsels), auf die Inhalte des Fernsehens, noch auf den Zeitpunkt seiner Übertragung oder die Gestaltung und Qualität seiner Inhalte Einfluss zu nehmen oder sich daran aktiv zu beteiligen.

Der Internet-„User" verfügt über eine ganze Reihe so genannter Interaktionsmöglichkeiten: Er kann seine Meinung in Newsgroups oder Chats zu bestimmten Themen äußern, er kann Inhalte auf seine Festplatte kopieren, diese per E-Mail versenden, er kann an Umfragen, Gewinnspielen oder Abstimmungen teilnehmen und er kann Waren direkt erstehen. Dafür hat er allerdings mit einer Reihe technischer (Datenwandler, Personalcomputer, Software, Computerkenntnisse) und finanzieller (Internet-Zugang, Telefongebühren, Anschaffung Hard- und Software) Barrieren zu kämpfen, während der Fernsehzuschauer außer einem Fernsehgerät und einem Antennenkabel in der Regel nichts weiter benötigt und auch keine weiteren Kosten hat.

Aus dieser offensichtlichen Komplementarität von Fernsehen und Internet lassen sich so genannte „Komplementär-Formate" ableiten: Medienformate, die versuchen, eine Brücke zwischen Fernsehen und Internet zu schlagen. Das sind zum Beispiel die Internetauftritte großer Zeitungen und Zeitschriften oder die üblichen Websites zu Fernsehsendungen oder Kinofilmen, auf denen das Konzept der Sendung/des Films skizziert wird, die agierenden Personen vorgestellt werden und die Inhalte/die Geschichte zumeist in Schriftform noch einmal dargestellt werden – ergänzt durch die bekannten interaktiven Web-Funktionalitäten wie E-Mail, Chat, Newsgroups, Abstimmungen, Spiele, Downloads und Direktkauf-Opportunitäten.

1999 hat Ponton im Auftrag des Heinrich Bauer Verlages ein medienübergreifendes Konzept für die komplementäre Abbildung der

Christian Kux

Jugendmarke „Bravo" im Internet erarbeitet. Der Schwerpunkt lag dabei auf der Integration der verschiedenen Print-Titel („BravoGirl", „BravoSport", „BravoScreenfun") und der TV-Sendung „BravoTV" unter der Dachmarke „Bravo.de".

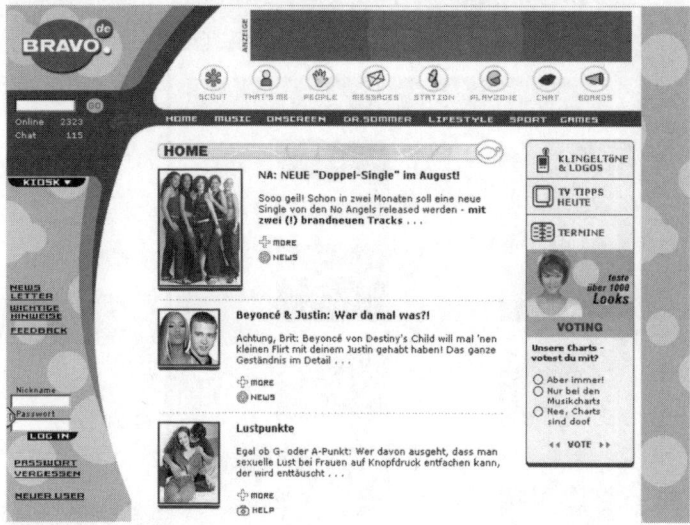

Abbildung 3:   Bravo.de

Vielleicht weniger komplementär, aber im weitesten Sinne bereits *medienübergreifend* operieren einschlägige Teleshopping-Kanäle, wie zum Beispiel H.O.T. oder TV-Travel-Shop in Großbritannien.

Für TV Travel Shop Deutschland hat Ponton sowohl Konzept und Design der komplementären Website erarbeitet, als auch die System-architektur entwickelt und implementiert.

Dabei dient das Fernsehgerät als eine Art audiovisueller Katalog für Reisen oder andere Erzeugnisse aus unserer Produktwelt, unterstützt von einer komplementären Website. Verkauft wird aber im Wesentli-chen ganz im klassischen One-to-One-Modus per Telefon. Das be-deutet für die Anbieter den kostspieligen Betrieb von Call-Centern und auch für den Kunden zusätzlichen finanziellen Aufwand (durch deutlich höhere Telefongebühren).

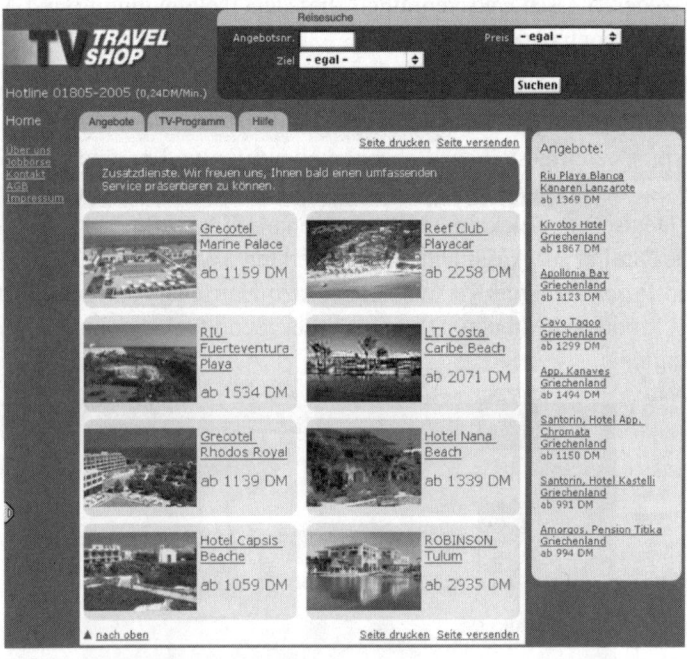

Abbildung 4:   tvtravelshop.de

Grundsätzliches Problem dieser Formate ist die Tatsache, dass der „User" unterschiedliche Geräte (Fernsehgerät, Personal Computer oder Telefon) benötigt, die meistens in verschiedenen Räumen unabhängig voneinander installiert sind, um die komplementären Angebote nutzen zu können.

Für Fortgeschrittene

Um dem Problem divergierender Endgeräte für komplementäre Inhalte zu begegnen, hat man vor einigen Jahren begonnen, so genannte Set-Top-Boxen zu entwickeln. Diese Geräte verfügen über die wesentlichen Funktionen eines PCs (Mikroprozessor, integierter Web-Browser, Tastatur). Sie werden an herkömmliche, analoge Fernsehgeräte angeschlossen und verbinden diese via Telefonleitung und Modem mit dem Internet.

Auf bestimmten Kanälen, zu bestimmten Sendungen und Sendezeiten hat der „User"/Zuschauer die Möglichkeit, auf dem Fernsehbildschirm speziell gestaltete Webseiten abzurufen und parallel zur Sendung zu benutzen, wie zum Beispiel im Feldversuch „Enhanced TV" der Deutschen Telekom in Zusammenarbeit mit Ponton und dem ZDF: Parallel zur Ausstrahlung der Sendung „Wetten dass ...?" konnte ein Probandenkreis via Website von zu Hause aus aktiv mitwetten oder Produkte (Musik-CD), die in der Sendung vorkamen, direkt einkaufen.

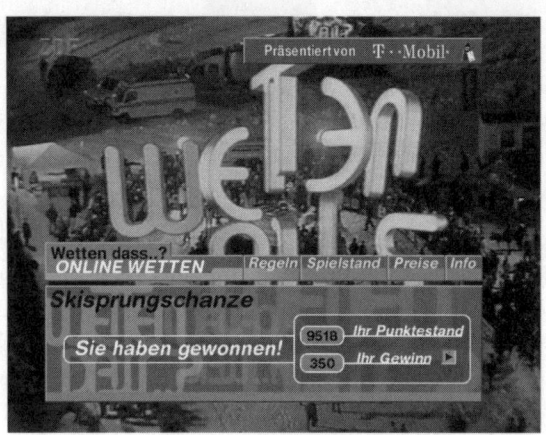

Abbildung 5:   Wetten dass ...? – Enhanced TV Pilotanwendung

Zusätzlich verfügen die Boxen über die üblichen interaktiven Web-Funktionalitäten (E-Mail, Download, Chat, Shopping). Neben der sehr positiven Aufnahme der Möglichkeit, mit anderen Zuschauern (via Chat) zu interagieren, hat sich die Bedienbarkeit der Boxen als wenig komfortabel erwiesen, vor allem, weil herkömmliche Internet-Seiten, die nicht speziell für die Auflösung von Fernsehbildschirmen gestaltet sind, kaum entzifferbar oder aufgrund von Animationen

Die Zukunft der One-to-One-Kommunikation   177

(Flash, Shockwave) und besonderen Navigationsarten (Java, Java Script) unzugänglich bleiben.

Set-Top-Boxen stellen unter technologischen Gesichtspunkten eine Erweiterung (Enhancement) der Decoder für verschlüsselte Pay-TV-Angebote dar. Die Decoder verfügen über ein internes Menu mit integrierten Service-Angeboten wie „Near Video on Demand" (Kinofilme starten im festen Rhythmus zum Beispiel alle 10 Minuten), das aktive Wechseln der Kameraperspektiven (Sport, Formel 1, Fußball) oder „Pay per View" (der Zuschauer bekommt den einmaligen Zugang zu einem Video oder einer Sendung, für den er entsprechend bezahlen muss). Bei einer Set-Top-Box kommt der integrierte Rückkanal (via Telefonleitung und Modem) als Internetzugang hinzu.

In den USA ist der Marktführer im Bereich Pay Television AT&T Broadcast mit 16 Millionen Abonnenten, dicht gefolgt von Time Warner Cable mit 12 Millionen Abonnenten. In Europa führt CanalPlus in Frankreich die Rangliste mit 6,7 Millionen Abonnenten an, gefolgt von BSkyB in Großbritannien mit 5 Millionen. Die Schlusslichter sind Premiereworld in Deutschland (2,3 Millionen) und Telepiù in Italien (1,6 Millionen).

In Europa bieten nur wenige Hersteller Set-Top-Boxen an, noch seltener sind entsprechend aufbereitete Inhalte. Dagegen betreibt zum Beispiel Microsoft in den USA sein „WebTV" mit eigenem Standard, eigenem Endgerät und eigenen Inhalten. Microsofts WebTV verfügt über etwa 2 Millionen Abonnenten, die ihren Internetzugang via Fernsehbildschirm nutzen – eine recht kleine Zahl im Vergleich zu den Free- und Pay-TV-Nutzern.

Doch auch das digitale Fernsehen gegen Bezahlung ist immer noch ein Broadcast-Dienst – ein lineares Senden von einem Punkt zu vielen anderen (one-to-many). Und Set-Top-Boxen vermitteln ein klares Bild unausgereifter Prothesen, um die Brücke der Medienkonvergenz in Bewegtbildern zu betreten.

Christian Kux

Ausblicke

Digital Content

Eine nicht so spektakuläre und deshalb manchmal vernachlässigte
Tatsache stellt die eigentliche Basis für die crossmediale Zukunft dar:
die weltweit, über Nationalitäten und unterschiedliche Endgeräte-
Normen hinweg, identische – digitale – Codierung sämtlicher Inhalte
und Service-Anwendungen.

Die Digitalisierung von Zeichen, Algorithmen, Bildern, Texten, Tö-
nen und Filmen ermöglicht erst die uneingeschränkte Verwendbarkeit
und (zumindest theoretisch) unendliche Wiederverwendbarkeit von
Inhalten innerhalb aller bekannten Display- und Repräsentationsfor-
men unserer Medienwelt.

Broadband

Wie schnell und in welcher Weise aus Visionen und Utopien einer
crossmedialen Zukunft Realität wird, ist in erster Linie abhängig von
Art und Umfang der Übertragungswege. Das Telefonkabel aus Kup-
fer hat sich längst für die Übertragung großer Datenmengen als un-
tauglich erwiesen. Die Zukunft sieht man in breitbandigen Übertra-
gungswegen wie Glasfaserkabeln, (Antennen-)Kabelnetzen und
Direktübertragungen via Satellit oder Stromkabel (Powerline).

So genannte „Broadband"-Zugänge erlauben das „Downstreaming"
audiovisueller Inhalte in – nahezu – Fernsehqualität. Antennenkabel
übertragen allerdings nur bis zu 2 Mbit/s, Glasfaserkabel dagegen bis
zu 52 Mbit/s. Videobilder in DVD-Qualtität benötigen eine Übertragungsrate zwischen 4 und 8 Mbit/s. Für diese Größenordnungen
kommen vor allem Satellitenübertragungen oder Glasfasernetze in
Betracht.

Entscheidend dabei ist nicht der technologische Modus der Übertragung, sondern einzig die Höhe der Übertragungsrate. Dabei geht man von einer durchschnittlichen Rate von 8-12 Mbit/s aus, um das digitale Fernsehen dann als vielfältiges „Downstream Bundle" in das uns heute als Internet bekannte Umfeld des World Wide Web einfließen zu lassen. Die Geräte, die der Endkonsument dafür benötigt, können leistungsfähige Multimedia-Devices oder rückkanalfähige und für höhere Bildschirm-Auflösungen geeignete Fernsehgeräte sein.

Interactivity

Das „Feedback" durch den Rückkanal erlaubt dem „User" einerseits in Kontakt mit anderen „Usern" zu treten und andererseits mit Anbietern von Inhalten und Dienstleistungen zu kommunizieren. Das heißt, er nimmt aktiv Teil am vielschichtigen Prozess digitaler Kommunikation und gestaltet Art und Umfang seines crossmedialen Konsums selbst.

Ähnlich den heute schon überaus erfolgreichen Multiplayer-Online-Spielen (mehrere Personen spielen über längere Zeiträume parallel und ortsungebunden ein sich nach bestimmten Regeln dynamisch weiterentwickelndes Spiel) bieten synchrone Kommunikationsmöglichkeiten dem „User"/Zuschauer einen unmittelbaren Zugang zu den Ereignissen in TV-Sendungen. Er hat die Möglichkeit, Personen in der Sendung oder anderen „Usern"/Zuschauern seine Meinung mitzuteilen, er kann an Abstimmungen (Voting) und Gewinnspielaktionen (zum Beispiel Rate- oder Geschicklichkeitsspiele) teilnehmen.

In Zukunft wird das digitale Fernsehen oder das Breitband-Internet mehr und mehr Ereignis-Charakter annehmen, in der Art von „Big Brother" oder web-basiert von „Realityrun.com" (die gemeinsame Jagd der „User"/Zuschauer auf imaginäre Verbrecher). Ein spektakulärer Event in der Offline-Welt (Realität) wird von TV-Kameras „abgetastet" und live übertragen oder „gestreamt". Die User/Zuschauer haben Zugang sowohl zu den Aktivitäten in der Offline-Welt (Publikum, Stars, Mitspieler) als auch zur Live-Sendung,

Christian Kux

deren Verlauf sie als statistische Community (Voting, Ranking) oder als Online-Kandidat von zu Hause beeinflussen können.

Customization

Eine wachsende Anzahl von elaborierteren Webseiten (zum Beispiel Yahoo.com oder Netscape.com) geben den Usern die Möglichkeit, sich ihr individuelles Angebot selbst zu zuschneiden: durch automatische Registrierung und statistische Auswertung ihrer Klicks oder durch die Angabe von Vorlieben und Wünschen in einem persönlichen Profil.

Diese Personalisierung von Inhalten und Dienstleistungsangeboten hat zwei Seiten:

– der „User"/Zuschauer wählt und steuert die Bestandteile seines Profils selbst.

– der Anbieter erstellt Nutzungsprofile jedes einzelnen „Users"/Zuschauers und wertet diese für seine Zwecke aus.

Dabei überwiegen die Vorteile dieses umfassenden Customer Relationship Managements für den Anbieter. Er hat die Möglichkeit, seine Kunden individuell anzusprechen, zielgruppengenaue Marketingmaßnahmen durchzuführen und seine Inhalte und Dienstleistungen durch profilgesteuertes Content Management gezielt mehrfach zu nutzen.

Im Rahmen der Entwicklung der Internet-Präsenz „Bravo.de" für den Heinrich Bauer Verlag wurde von Ponton ein profilgetriebenes System einschließlich eines virtuellen Site-Assistenten (Scout) entwickelt.

Abbildung 6: Bravo-Scout

Mobility

Die zweifellos bisher stark unterschätzte und zum Teil nicht ganz zu
Unrecht belächelte, fünfte Säule der Medienkonvergenz stellen die
Mobilfunktechnologien der dritten und vierten Generation dar. Das
sind in Europa auf UMTS (Universal Mobile Telecommunications
System) und in den USA und Japan auf WCDMA (Wideband Code
Division Multiple Access) und CDMA 2000 basierende Technolo-
gien, die Übertragungsraten per Funk von bis zu 2 Mbit/s erlauben.
Die vierte Generation (4G) nutzt den weltweiten Standard OFDM
(Orthogonal Frequency Division Multiplexing), der von 2010 an auch
die Übertragungsrate für digitales Fernsehen bestimmen soll.

Anlass zum Spott bieten die Mobilfunkanbieter aus zwei Gründen.
Zum einen wegen der überaus schwachen Performanz und des Ver-

Christian Kux

dachtes auf Redundanz der vollmundig vermarkteten WAP-Anwendungen (Wireless Application Protocol). Zum anderen wegen der zumindest in Europa lächerlich teuren Lizenz-Aquise für UMTS.

Langfristig steht jedoch außer Frage, dass mobile Kommunikation mit großer Bandbreite eine Schlüsselposition in der Verschmelzung von One-to-Many- und One-to-One-Kommunikation einnehmen wird. Das noch zu gestaltende *Mobile Device* der Zukunft wird das omni-kompatible (via Wireless Infrared- oder Bluetooth-Technologie) „Missing Link" zwischen digitalen Endgeräten zu Hause (AV-Displays), im Büro (PC, PDA) und unterwegs (Automobil, Flugzeug, Bahn, Schiff) sein, verbunden mit integrierten Bezahlungs- und Buchungsfunktionen (zum Beispiel für Reisen).

Den elementaren Kern dieser revolutionären Geräte könnte neben der klassischen One-to-One-Kommunikation des Telefonierens die Möglichkeit darstellen, dem Empfänger oder Kommunikationspartner jederzeit, überall und gleichzeitig ein authentisches (audio-visuelles Bewegt-) Bild von sich selbst und dem Ort/der Situation, in der man sich gerade befindet, zu *zeigen*.

Fazit

Medium der Medien

Sind Telefon, Fernsehen und Internet in einer dann nur noch – digitalen – Welt miteinander verschmolzen, ergeben sich ganz neue, vielfältige Möglichkeiten der Nutzung dieses „Mediums der Medien": Die „User"/Zuschauer können frei wählen, welches Programm, welchen Service sie wann, wo, in welchem technischen Format und zu welchem Preis in Anspruch nehmen möchten.

Interface

Wie bereits erwähnt, kann der digitale Traum konvergierter Medien allein durch nahezu unendliche Content-Quantitäten schnell zum Albtraum werden. An dieser Stelle erschließt sich die fundamentale Bedeutsamkeit des Interface als *„der Kontaktpunkt zwischen Gesicht und Nicht-Gesicht"*.

Das *Interface* – die Oberfläche zur Bedienung des „Mediums der Medien" – ist das sinnstiftende Instrument für Auswahl, Bewertung und Navigation im praktisch unendlichen Möglichkeitskosmos der Angebote.

Von 1998 bis 2000 hat Ponton im Auftrag der Deutschen Telekom AG für das Smart Home System (www.smarthome.de) ein integriertes Bedienkonzept, verschiedene Prototypen einer geräteübergreifenden Benutzungsschnittstelle und die Middleware-Komponente „User Interface Agent" entwickelt. Der „User Interface Agent" ermöglicht es, unabhängig vom jeweiligen Endgerät (PC, TV, Telefon, Mobiltelefon, Haushaltsgerät) Benutzungschnittstellen zu generieren, über die der „User" von zu Hause oder unterwegs auf Funktionen seines zukünftig „intelligenten" Hauses mittels des SmartHome-Dienstes zugreifen kann.

Schon heute beweist der enorme Börsenwert von Internet-Suchmaschinen wie „Yahoo", Internet-Portalen wie AOL oder die Omnipräsenz von Programmzeitschriften und Reiseführern die Dringlichkeit der Frage danach, wie das Individuum mit dieser globalen Inhalte-Vielfalt zurecht kommt.

Die Entwicklung so genannter EPG's (Electronic Program Guides) oder IPG's (Interactive Program Guides) im Bereich des digitalen Fernsehens zeigt die Richtung an. Die Menschen brauchen schon heute, und in naher Zukunft umso mehr, intuitive Werkzeuge, um der ständig wachsenden und variierenden Content-Flut durch individuelle Gestaltung Herr zu werden; und um einen Weg zu finden, sich in der Welt der *Nichtgesichter* einzurichten.

Christian Kux

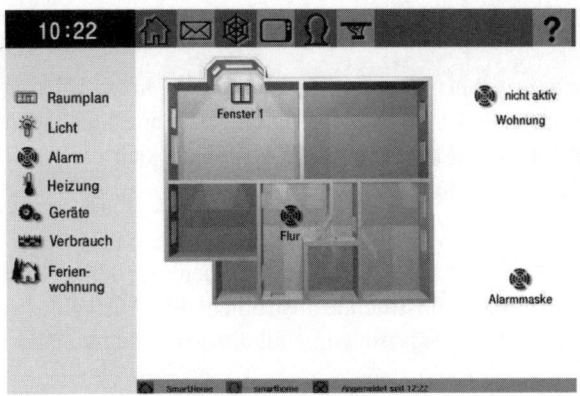

Abbildung 7:   Smarthome – Interface Prototyp

Mein persönliches Interface *zeigt* mir die Welt in der Form, wie ich sie sehen möchte. Vielleicht ist das die „Verbesserung" der unberechenbaren Naturwelt zu einer letztlich domestizierten, reinen Menschwelt – oder der Ersatz psychophysischer Realitäten durch ein zunehmend hermetisches System synästhetischer Absorption, wie Oswald Wiener bereits 1966 in seinem Traktat über den „Bio-Adapter" vermutete.

Die Zukunft der One-to-One-Kommunikation   185

One-to-One-Marketing im Internet: Darum prüfe, wer sich ewig bindet

Guido Alt und Sascha Schulz

One-to-One-Marketing im Internet ist nur schwer umsetzbar. An der Grenze zwischen Medium und Mensch ist die Kluft zwischen dem, was geboten und dem was erwartet wird, in den meisten Fällen viel zu groß. Das liegt nicht an der Verfügbarkeit technischer Systeme und auch nicht an mangelnden Inhalten. Wir kritisieren vielmehr die konservativen Strategien und falschen Herangehensweisen. Kurzum: „Heutiges One-to-One-Marketing im Internet" überfordert Menschen – sowohl im Unternehmen als auch am Markt.

„One-to-One-Marketing im Internet" – anspruchsvolle Nischen-Disziplin

Natürlich gibt es Unternehmen, die heute von sich behaupten, erfolgreich „One-to-One-Marketing im Internet" zu betreiben. Das Internet ist der Motor für eine Modernisierung von Unternehmensprozessen und Technologien. Auch wenn die meisten Konzerne heute weniger als 10 Prozent ihrer Umsätze im Internet erwirtschaften, so wird diesem Medium ein Großteil der IT-Investitionen zugeschrieben. Aber wer – bis auf wenige Versandhändler – verdient wirklich Geld mit „One-to-One-Marketing im Internet"? Neutral betrachtet, ist der

Grund für Investitionen in diese Disziplin nicht das Internet selbst, sondern eine sich verstärkende Tendenz zu mehr Kundenorientierung im Gesamtunternehmen und dem damit verbundenen Ziel, die Kundenkontaktkosten durch unternehmensinterne Automatisierung zu reduzieren.

Wer „One-to-One-Marketing" nur im Internet lebt und ausschließlich auf dieser Oberfläche betrachtet, wird Schiffbruch erleiden. Wer nicht damit beginnt, „One-to-One-Marketing" in seine Website und in seine übrigen Dialogkanäle zu integrieren und dort auf eine zielgruppengerechte Aufbereitung von Informationen achtet, wird ebenso scheitern. Wie können Manager heute die richtige Entscheidung treffen und was müssen Sie tun, um Erfolge aufzuweisen?

Dieser Beitrag soll Ihnen dabei helfen, eine neue Sichtweise auf das Thema zu erlangen. Das Thema „One-to-One-Marketing" möchten wir von der Komplexität befreien, die es mitunter so schwer greifbar und somit anfällig für Fehlinterpretationen macht. Und wir möchten bewusst die „Marke" in den Hintergrund stellen, weil wir heute eine markengerechte Umsetzung von Frontends – den Schnittstellen zwischen Anwendern und Medien – als selbstverständlich betrachten.

Die Erfahrung hat uns gelehrt, dass gesunder Menschenverstand und der intensive Dialog mit der Zielgruppe auch in der softwaregetriebenen Ökonomie die besten Ergebnisse bringt. Auch deshalb führen wir regelmäßig Nutzer-Befragungen durch – und sind immer wieder aufs Neue beeindruckt von der Geradlinigkeit der Antworten. Ein kurzer Überblick über die 4 Stufen des „One-to-One-Marketing" in seiner heutigen Erscheinungsform:

Stufe 1: Mehrwert

„Wir erwarten von unserer Bank ganz einfach, dass wir alle wichtigen Bank- und Börsengeschäfte online abwickeln können und dass alle Transaktionen reibungslos funktionieren." Erst wenn diese Forderungen einer Kundin, die wir im Rahmen unserer Studien befragt

Guido Alt und Sascha Schulz

haben, erfüllt sind, dann hat Stufe 1 von „One-to-One-Marketing im Internet" gezündet: Eine zufriedene Nutzerin bevorzugt das System, das ihr alle Standard-Funktionalitäten offeriert. Sie kommt ein zweites, drittes, viertes ... fünfzigstes Mal wieder, weil sie sich an die Logik des Auftritts gewöhnt und dessen Mehrwert zu schätzen gelernt hat.

Risiko: Mehrwert entsteht nur durch eine reibungslose Vernetzung bestehender mit neuen, internet-tauglichen Systemen. Dieser kann nur kommuniziert werden, wenn es Inhalte und ein funktionierendes Content-Management-System gibt, das in seiner Anwendung der Organisationsform des Unternehmens Rechnung trägt. Und wenn die Nutzerführung klar und leicht einprägsam ist.

Stufe 2: Kommunikationskanal

Leider gibt es kein perfektes System – und deshalb wird unsere Kundin hin und wieder Fragen, Anregungen oder Wünsche haben. Jedes eingehende Telefonat, das ein Finanzdienstleister heute über sein hausinternes Call-Center abwickeln lässt, kostet durchschnittlich zwischen 5 und 25 Euro pro Anruf. Findet die Nutzerin einen Weg, ihr Dialogbedürfnis komplett über das Internet zu befriedigen, oder wird ihr Anliegen zumindest durch eine geschickte Vorqualifizierung ohne Wartezeit an den richtigen Ansprechpartner weitergeleitet, dann spart das nachweisbar Ressourcen – die Stufe 2 von „One-to-One-Marketing im Internet" ist erreicht.

Risiko: Die Reaktionszeiten für den Kommunikationskanal Internet erfordern unter Umständen andere Arbeitszeiten als im Kerngeschäft, um schnelle Reaktionen auf die Wünsche des Nutzers zu ermöglichen. Innovative, technische Dialog-Lösungen sind nicht standardisiert – der Nutzer muss sich von Website zu Website immer wieder neu orientieren. Das verlangt häufig sogar ein wenig technisches Geschick – fast immer jedoch Geduld.

Stufe 3: Datenanalyse und -Auswertung

Bis hierher – und nicht weiter? Zum Beispiel, wenn die Kundin von einem Wettbewerber eine zweite Kreditkarte gratis oder zusätzliche Habenszinsen für ihr Girokonto angeboten bekommt. Vielleicht ist jetzt Schluss mit der Kundenbeziehung, denn die meisten Finanzdienstleister sind in der Regel reine Produkt-Anbieter und betätigen sich im Internet nicht als profilgerechte Dienstleister für ihre Klientel. Wenn wir also wissen, was wir an dieser einen Kundin durch ihren Weggang verlieren – oder wenn es uns gelingt, ihre Entscheidung vorauszuahnen und die passenden Gegenargumente zu präsentieren, dann befinden wir uns in Stufe 3 des „One-to-One-Marketing im Internet".

Risiko: Beschwerdemanagement und Einwandbehandlung sind keine reine Online-Angelegenheit; sie müssen vernetzt über alle Dialogkanäle betrachtet werden. Im „intelligenten" Internet erwartet der Kunde aber die größte Interaktion entsprechend seiner Bedürfnisse. Je größer die Organisation und je vielseitiger das Sortiment ist, umso schwerer ist dieser Anspruch zu erfüllen, wenn das Internet als „One-to-One"-Kanal die erste Kundenschnittstelle bilden soll.

Stufe 4: Instrument zur Neukundengewinnung

Aber wie gewinnen wir die Kundin eigentlich? Wie werben wir Kunden von anderen Anbietern ab oder wecken Nutzungsinteresse an unserem Angebot? Bei erklärungsbedürftigen Produkten ist dies häufig nur über den persönlichen Kontakt erfolgreich möglich, bei weniger komplexen und bei Consumer Goods mittels Massenwerbung. Im Jahr 2000 nahmen in Deutschland alle messbaren Werbeträger zusammen insgesamt 23,3 Mrd. Euro ein (Quelle: ZAW), davon gingen allerdings nur 0,69 Prozent auf das Konto von Online-Werbung. Bereits ein Jahr zuvor wurden zusätzlich fast 20 Mrd. Euro in Direktmarketing investiert (Quelle: DDV). Forrester Research geht davon

Guido Alt und Sascha Schulz

aus, dass die Ausgaben für Direktmarketing im Internet im Jahr 2002 weltweit auf bis zu 5 Mrd. Euro bzw. auf 65 Prozent der gesamten Online-Werbeausgaben ansteigen werden. Stufe 4 von „One-to-One-Marketing im Internet" ist eine zielgruppengerechte Aussteuerung der Kommunikationskanäle, welche die Bedürfnisse von Kunden mit historischen Marketing-Erfahrungen und dem Medienverhalten der angepeilten Zielgruppe in Einklang bringt. Das sorgt am „Point of Interest" für dynamische Kommunikationspakete.

Risiko: Ein crossmediale Strategie erfordert einen Media-Partner mit großem Netzwerk, und einen Medien-Dienstleister, der die Erstellung unterschiedlicher Kommunikationsformate (Banner, PR, Online-Event etc.) beherrscht.

So gesehen stellt sich also alles ganz einfach dar – und ist auf Erfolg programmiert. Auch die Indikatoren zeigen nach oben: Mehr Inhalte, mehr Funktionalität, mehr Nutzer. Trotzdem gleicht „One-to-One-Marketing" insbesondere in den Stufen 3 und 4 einer Operation am offenen Herzen: Datawarehouse, Datamining-Prozesse für CRM-Analysen, Schnittstellen-Problematik zwischen unterschiedlichen IT-Generationen, Verfügbarkeit von Inhalten usw. Ergebnis sind dezentrale Datenpools, die eher als Aktionsdatenbank, denn als sinnvoll funktionierendes Ganzes zu sehen sind: Die ermittelten Daten lassen sich nicht mehr sinnvoll einsetzen – und alle haben ins Internet investiert.

Profile Care – der Nutzer steuert den Dialog

Aus unserer Sicht kann „One-to-One-Marketing" nur funktionieren, wenn der Nutzer über einen Profil-Ansatz durch seine Gesamtkommunikation mit dem Unternehmen geführt wird. Ein Profil ist ein relationales Schema, in dem einer Person oder einer Personengruppe Attribute zugewiesen werden, die sich – je nach Umfeld und Situation – unterschiedlich auf den Informationsprozess auswirken.

Abbildung 1:   dillinger screenshot

Gerade in großen oder in dezentral organisierten Unternehmen ist „Profile Care" im Intranet ein wichtiges Tool zur Steigerung der Produktivität: nur qualifizierte Informationen gelangen auf den Schreibtisch des Nutzers – und damit auch in seinen Kalender sowie seinen E-Mail-Eingang

Eine Zielsetzung im Marketing-Plan muss deshalb sein, die Profile von Nutzern zu gewinnen. Nutzer können hier ebenso externe Besucher einer Website wie Mitarbeiter eines Partner- oder Kunden-Unternehmens sein. Wichtig ist die Relationalität: „Customer Profiles" existieren schon seit geraumer Zeit im „One-to-One-Marketing". Unsere Herangehensweise sieht vor, dass die vielseitigen Interessen-Ebenen des Nutzers in unterschiedlicher Abhängigkeit voneinander ausgewertet werden können.

Ein Profil behält nur seinen Wert, wenn es mit dem dahinter stehenden Menschen permanent synchronisiert wird. Innerhalb eines Profils gibt es immer Attribute, die eher konstant sind, z. B. das Interesse an Qualitätsmanagement, sofern die Person Mitarbeiter einer Abteilung für Quality Assurance (Qualitätssicherung) ist. Andere Attribute, die gerade für die „Persönliche Note" in der Kommunikation stehen, wechseln häufiger (z. B. die durch aktuelle Moden beeinflusste Präferenz für Farben und Stoffe). Letztlich ist ein Profil nur soviel Wert, wie die Informationen im richtigen Format verfügbar sind, die aufgrund seiner Existenz zusammengestellt werden sollen. Was bedeutet das im Einzelnen?

Die Gewinnung von Profilen

„Möchten Sie jedes Jahr einen Traumurlaub verbringen?" Regelmäßig möchte das unser „Workaholic" nicht, aber vielleicht in diesem Jahr ...?! Die Art der Fragestellung entscheidet also über den Erfolg der Profilierung. Bei der Gewinnung von Profilen unterscheiden wir aktive und passive Verfahren. Ein aktives Verfahren besteht aus einer Selbsteinschätzung, die in Form von Multiple-Choice-Fragen und Zustands-Parametern ermittelt wird. Nicht alle Fragen lassen sich allerdings so stellen, dass eine ehrliche Selbsteinschätzung möglich ist. Bei passiven Verfahren erfolgt – mit Einverständnis des Nutzers – eine Auswertung seines historischen Nutzungsverhaltens. Eine Möglichkeit, hieraus Erkenntnisse zu ziehen, ist zum Beispiel die Analyse von Textinhalten über intelligente Suchmechanismen, die inhaltsverwandte Inhalte per „What's related-Suche" ermitteln und diese dem Nutzer vorschlagen können. Eine weitere Möglichkeit liegt in der Auswertung des Dialog-Verhaltens (genutzte Kommunikationskanäle, Dialog-Frequenz etc.). Eine dritte Möglichkeit greift das Reaktionsverhalten ähnlicher Nutzersegmente auf. Aus der Summe der Analyse-Ergebnisse lassen sich per „fuzzy logic" Handlungsempfehlungen ableiten, die in die Ausspielung von Informationen umgesetzt werden können. Erst mit der FUZZY!-Datenanalyse ist die menschliche Fähigkeit zur assoziativen Interpretation auf den Computer übertragbar geworden.

Die Pflege von Profilen

Die Königsdisziplin von profilbasiertem „One-to-One-Marketing" ist die Pflege und Aktualisierung von Profilen. Ein Beispiel: Stellen Sie sich vor, Sie haben die Startseite Ihres elektronischen Nachrichtendienstes schon vor Wochen nach Ihren Bedürfnissen zusammengestellt – und sich bei der Auswahl der Themen auf drei Rubriken beschränkt. In einer vierten Rubrik geschieht etwas für Sie privat sehr Interessantes – normalerweise interessiert Sie das Themengebiet aber nicht. Was würden Sie nun von Ihrem Nachrichtendienst erwarten? Eine gedruckte Zeitung ist in dieser Frage gnadenlos, denn dort gilt Titel = Marke = Profil, was sich in Art, Aufmachung und Schreibstil wiederspiegelt. Dort trifft der Chefredakteur die Entscheidung für Sie.

Die „humane Intelligenz" eines Chefredakteurs fehlt per se im Internet. Ein Profil im Internet verliert seinen Wert, wenn es nicht fortlaufend aktiv nach den Änderungswünschen seines Inhabers fahndet und sich abhängig vom Nutzer-Feedback verändert. Feedback kann zum Beispiel durch Antworten auf kontext-sensitive Fragen im Umfeld von Zufalls-Einblendungen ausgelöst werden („Ja, bitte senden Sie mir künftig mehr News über Events in meiner Stadt"). Oder es wird durch die Auswertung des Linkverhaltens innerhalb einer Navigation, die dem Nutzer einen Ausweg aus seinem persönlichen Informations-Mix anbietet, ermittelt.

Guido Alt und Sascha Schulz

Die Verwertung von Profilen

Jedes Kind kennt die Wirkung eines Profils. Beim Spiel im Sandkasten fallen nur Körner mit bestimmter Größe durchs Sieb. Am Boden des Sandkastens bleibt schließlich der feine Sand liegen, aus dem durch Formen dreidimensionale Muster entstehen. Das Ergebnis ist ziemlich flüchtig, wenn es mit Wasser, starkem Wind oder einem Druck in Berührung kommt. Ähnlich verhält es sich mit Inhalten, die auf der Basis von Profilen zusammengestellt werden: Wir benötigen zunächst einen großen Fundus an Content, der dann mit bereits erwähnter, intelligenter Suchtechnologie gesichtet, nach Relevanz sortiert und dem Format entsprechend aufgeliefert werden kann. Die Ausspielung erfolgt nur ein einziges Mal – nämlich für den laufenden Nutzungsvorgang – und hinterlässt keine Spuren.

Damit das mit Inhalten jeder Art möglich ist, war zunächst die Entwicklung neuer Meta-Sprachen notwendig. Die bekannteste der unter dem Sammelbegriff SGML geführten heißt „XML". Hiermit können Daten erstmals in Mehr-Schichten-Modellen abgelegt werden: Neben dem eigentlichen Content, zum Beispiel einem Text (Schicht 1), ermöglichen Indexinformationen (Schicht 2) das schnelle Auffinden. Hinzu kommen Informationen über die Art, in der Inhalte an unterschiedlichen Stellen und in den unterschiedlichen Medien darstellbar sind (Schicht 3).

Da die meisten Unternehmen mit sehr großen und sich ständig aktualisierenden Informationsbeständen arbeiten, werden für die Anreicherung von Inhalten in der Regel automatisiert arbeitende XML-Plattformen eingesetzt.

Profilbasiertes One-to-One-Marketing im Einsatz: Auf City-Plattformen können Nutzer ihr persönliches Interessengebiet abstecken und erhalten, dann vollautomatisch nur die Events in ihren Kalender eingetragen, die sie wirklich interessieren (Bsp.: „WebYourCity" von der caatoosee ag)

One-to-One-Marketing im Internet   195

Abbildung 2:   screenshot WebYourCity

Die kurze Geschichte von One-to-One-Marketing im Internet

Warum eigentlich nicht schon früher? Wer vor mehr als 7 Jahren die ersten Websites konzipiert hat, wird immer von sich behaupten, dabei zuerst an den Nutzer gedacht zu haben. Wer heute E-Business-Lösungen für Großunternehmen realisiert, sagt dasselbe. Die meisten Unternehmen haben in den ersten Jahren zuerst an ihrem interaktiven Image gefeilt, und anschließend ihren Kunden auf die Sprünge geholfen. Wurde der Kunde eingebunden, geschah dieses meist isoliert von den übrigen Geschäftsprozessen. Interaktion entstand anfangs recht zaghaft. Für Dienstleister, die ihre Kundenschnittstellen ins Web verlagern konnten, ging dies in den meisten Fällen gut. Die Industrie tat sich etwas schwerer: Laut zahlreichen Internet-Studien beklagen

Guido Alt und Sascha Schulz

heute immer mehr Nutzer die Qualität von Web-Angeboten, sogar das Interesse am Online-Shopping lässt nach.

Woran liegt das? Noch nie war das Angebot an Informationen, die digital über PC oder über mobile Endgeräte abgerufen werden können, größer als heute. Mehr als 4.500 Publikationen bieten allein im deutschsprachigen Raum Inhalte an – entweder auf eigenen Plattformen oder als Lieferant an Dritte. Der Nutzer ist überfordert, und das Medium kapituliert vor seinen eigenen Stärken: Der Freiheit zur Publikation, der unbeschränkten Suche, der einfachen Vernetzung. Hilfe naht, denn nie zuvor haben so viele Unternehmen Lösungen für CRM, One-to-One-Marketing und Customer Care – auch für den Internet-Einsatz – in den Markt gebracht. Eigene Recherchen haben allein in Europarund 350 Start-Ups und etablierte Player identifiziert, die den Markt für sich erobern wollen. Vielen Anwendern fehlt bei diesem unüberschaubaren Angebot der klare Blick für die beste Lösung.

Business Integration – ohne Logik geht nichts mehr

Die meisten Unternehmen zögern jedoch, ihre etablierten Systeme komplett über Bord zu werfen und durch neue, internet-taugliche auszutauschen. Das ist auch verständlich, denn ein unternehmensweites Projekt wäre schnell derart groß und unüberschaubar, dass es ein hohes Risiko mit sich bringen und die Stabilität der Organisation gefährden könnte.

Deshalb müssen „One-to-One-Marketing"-Tools Schnittstellen zu älteren Systemen ermöglichen. Große Software-Häuser, die mit ihren Produkten den Herzschlag von Konzernen bestimmen, decken erst nach und nach die gesamte Wertschöpfungskette einer Kundenbeziehung ab, und versuchen deshalb, über Partnermodelle Standards zu setzen. Ein allgemeingültiger Standard existiert derzeit dennoch nicht

– weder für die technische, noch für die kommunikative Seite. Damit „One-to-One"-Maßnahmen für den Nutzer glaubwürdig sind und Mehrwert erzeugen, sind prinzipiell alle Informationen aus Vorfällen innerhalb von Geschäftsprozessen interessant.

Geschäftsprozesse sind abteilungsspezifisch, beinhalten feste Ablauf- und Entscheidungsregeln und werden in der Außenwahrnehmung meist durch typische Software-Tools repräsentiert: Einkaufs-, Buchhaltungs- und Personalmanagementsysteme, Archivlösungen, Messaging- sowie Groupware-Anwendungen.

„Connectoren" sind der einfachste, oft aber auch der einzige Weg zum durchgängigen Datenaustausch zwischen „One-to-One"-Lösungen und unternehmensinternen Systemen. „Connectoren" arbeiten wie „intelligente Verbindungsstecker" zwischen unterschiedlichen Systemlandschaften und Versions-Ständen. Sie werden projektindividuell nach den Zielen der Anwendung erstellt und können auch eine eigene Logik zur Bearbeitung von Daten besitzen. Einen Schritt weiter gehen Meta-Programme: Sie bedienen sich einer Reihe von „Connectoren", um zum Beispiel Informationen aus mehreren Projektmanagement-Systemen auf einer Plattform zusammen zu tragen und für Führungskräfte analysierbar zu machen.

Informationslogistik – zur richtigen Zeit die wertvollste Information

Was bringen all die Informationen? Der Wert einer Information hängt von ihrer Bedeutung für den Nutzer im Moment der Nutzung ab. Aus unserer Sicht sind „One-to-One"-Lösungen typische Informationslogistik-Anwendungen, die erreichen müssen, dass

– die richtige *Information*

– zur richtigen *Zeit*

– in der richtigen *Dosis*

Guido Alt und Sascha Schulz

- über das richtige *Medium*

- in der richtigen *Form*

- an den richtigen *Ort*

transportiert wird. Das nennen wir „Informationslogistik". Beim Transport unterscheiden wir – ganz wie die Post – zwischen „normalen Sendungen" und „Wertsendungen". „Wertsendungen" werden nur zugestellt, wenn der Empfänger über geeignete Technologien eindeutig identifiziert worden ist – und wenn er bereit ist, seine Zustellgebühr (oder die Nachnahme) zu bezahlen.

Informationslogistik ist also Transport- und Inkasso-Dienst zugleich. Und sie übernimmt auch noch eine weitere Rolle: Mit ihrer Hilfe lässt sich die Informationsdichte, der Faktengehalt, steuern. Wie geht das?

Jede Information braucht eine für ihr Umfeld und Medium geeignete Aufbereitung. Denken Sie an die Präsentation der aktuellen Fußballergebnisse im Radio und vergleichen Sie diese mit einer Kurzmeldung per SMS. Da sich die Halbwertszeit von Informationen tendenziell verringert, müssen diese möglichst schnell und automatisiert verarbeitet werden, um ihrem Absender einen angemessenen Return-on-Investment zu ermöglichen.

Das Grundgerüst einer Information besteht aus „Informationsträgern" und „Füllwörtern" – moderne Systeme können beides voneinander unterscheiden und trennen. Über das erwähnte Drei-Schichten-Modell lässt sich dann jedem Ausgabegerät, auf Wunsch aber auch jeder Information, ein Attribut für Länge, Format und Darstellung zuweisen.

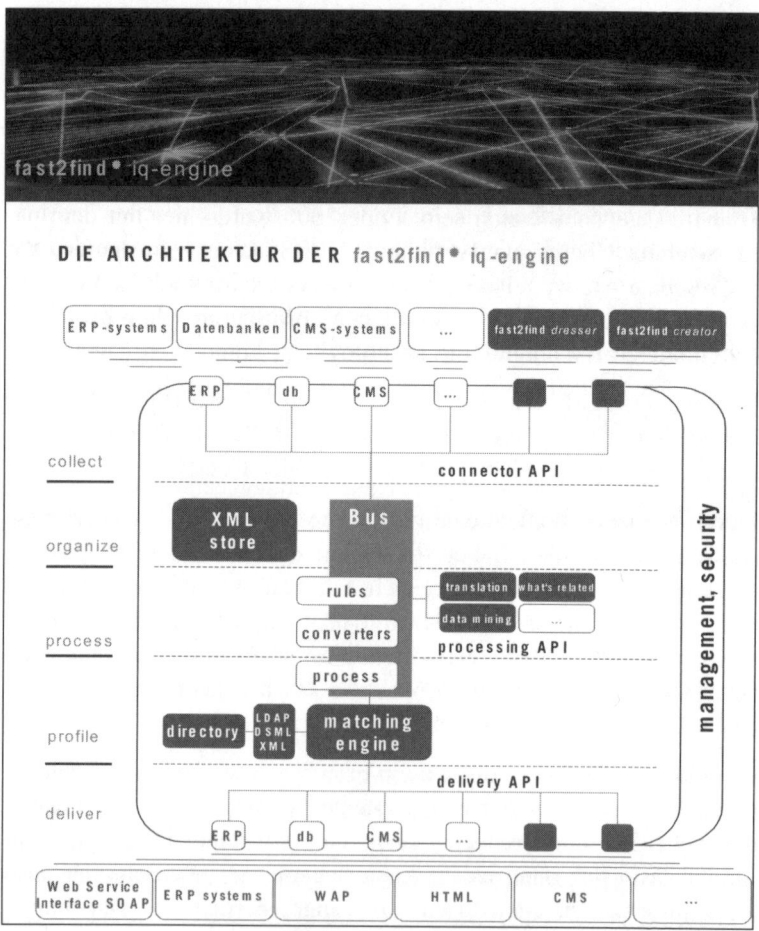

Abbildung 3:   Funktionsgrafik fast2find® iq-engine

Profile Care im Überblick: Produkte wie die *fast2find® iq-engine* (caatoosee ag) kombinieren aktive und passive Profilierung.

Durch Schnittstellen zu Content-Pools und profilbasierten Applikationen können Profile im „One-to-One-Marketing" anwendungsübergreifend eingesetzt werden.

200   Guido Alt und Sascha Schulz

Data Networking – wo IP und IQ gleichrangig sind

Spielen heute neben dem PC andere Ausgabegeräte eine Rolle für „One-to-One-Marketing"? Das wohl wichtigste Endgerät neben dem PC wird das Mobiltelefon sein. Ende 2000 wurde hier mit dem paketbasierten Übertragungsverfahren GPRS, einem Vorläufer von UMTS, eine Ära eingeläutet, die eine neue Art von mobiler Kommunikation ermöglicht. B2B-Anwendungen profitieren schon heute von einer höheren Bandbreite, die es ermöglicht, komplexere Dialoge zu führen: So können LKW-Fahrer schon heute über ihr Handy mit Handheld-Computer (PDA) Stau- und Routeninformationen abrufen und zu einer CD-ROM-losen Navigation kombinieren, sie können Leerkapazitäten versteigern etc. Neue Gerätegenerationen – so genannte Smartphones – werden diese Möglichkeiten erweitern. Sie erlauben die Installation von Programmen direkt auf dem Handy – und werden im Jahr 2002 erwartet. UMTS und Smartphones in Kombination eröffnen sehr große Möglichkeiten für das „One-to-One-Marketing": Jedes Mobiltelefon erhält mittelfristig eine eigene Internet Protokoll (IP) – Adresse und kann somit gezielt adressiert werden.

Bei einer Vorlaufzeit von bis zu zwei Jahren, die von der Grobspezifikation bis zum vollständigen Einsatz einer One-to-One-Lösung benötigt werden, erscheint der Horizont zusätzlicher Endgeräte nicht so weit entfernt. „Data Networking" – die Schaffung von geräteübergreifenden Schnittstellen – ist also erforderlich.

IT-Outsourcing – besser auf die Kernkompetenz konzentrieren

Kennen Sie das Moorsche Gesetz? Innerhalb von 18 Monaten verdoppelt sich die Leistung eines Microprozessors. Mit ihr vervielfacht sich auch die Anzahl der durch bereitgestellten Funktionalitäten und Möglichkeiten. Das gilt natürlich auch für „One-to-One"-Lösungen. Als Unternehmer kennen Sie Ihre Produkte und Ihren Markt. Immer mehr Anbieter von „IT-Outsourcing"-Dienstleistungen helfen Ihnen dabei, sich auf diese Kernkompetenzen zu konzentrieren. Zwischen 1995 und 2000 ist der Umsatz von Unternehmensberatungen und IT-Systemhäusern in Deutschland deutlich zweistellig gewachsen. Auch die Anzahl web-basierter Rechenzentren, in denen Applikationen, Hardware und Connectivity gemietet werden können, wächst beständig – und das Angebot an leistungsstarker Software zieht nach. Diese unübersichtliche Landschaft lässt sich subjektiv nur noch sehr schwer einschätzen. Hier sind Experten gefragt, die Sie bei der Entwicklung Ihrer „One-to-One-Marketing"-Lösung systematisch unterstützen, damit sich Kundengewinnung und -bindung nicht nur auf Ihrer Website, sondern in Ihrem Gesamtunternehmen abspielt.

Fazit: Web + Service = Web-Service

Das Internet in seiner heutigen Erscheinungsform hat sich unserer Meinung nach beim Versuch, Kundenbedürfnissen gerecht zu werden, selbst überholt und steht nun vor einem Paradigmenwechsel: Sprechen wir bislang von One-to-One-Marketing „im" Internet, wird es in Zukunft wohl eher „durch das Internet" heißen müssen: Nicht mehr die Funktionalität einer Website, sondern die Nutzung der Internet-Technologie als zentrales Nervensystem von Unternehmenskommunikation gibt den Ton an. Übergangslösungen sind im Angebot, Sie sollten beim Einsatz vor allem auf zukunftsfähige Austauschformate und die Skalierbarkeit zur Unternehmensanwendung achten.

Guido Alt und Sascha Schulz

Crossmedia – immer dem Kunden
auf der Spur ...

Erfolgreicher Medieneinsatz gleicht heute dem Ziel eines Dirigenten, ein weltbekanntes Philharmonieorchester aufzubauen. Allerdings mit Künstlern, die überall in der Welt verstreut sitzen und sich zum großen Auftritt vor dem Publikum präsentieren: in einem virtuellen Konzertsaal.

Wurde früher die Botschaft von einer Marke getragen, so ist es heute der „Content", der die Marke trägt. Reagierte früher die Zielgruppe auf die geradlinige Aussage des Werbungstreibenden, so ist es heute der Markt, der zur Erzählung von Geschichten herausfordert. Die Qualität der kommunizierten Information und die Aufnahmebereitschaft der Zielgruppe bestimmen den Wert eines Produktes bzw. einer Dienstleistung wesentlich mit.

Erfolgreiche Kommunikations- und Medienmanager, die – wie der Eingangs genannte Dirigent – zu Ruhm gelangen möchten, benötigen fundierte Zielgruppenerfahrung und leistungsfähige Instrumente zur Marktbeobachtung, Planung und Kontrolle. Vor allem die Offenheit, eingespielte Pfade zu verlassen, und ungeschrieben Branchengesetzte zu brechen.

Neue Kommunikationskonzepte müssen her, denn eine immer breiter werdende Palette von Kommunikationsformen kommt unaufhaltsam zum Einsatz. Die Auswahl ist groß: Sie reicht von klassischen Formaten (Anzeigenwerbung in Zeitungen und Zeitschriften, Werbspots in Fernsehen und Hörfunk, Plakat- und Haushaltswerbung, Literatur) über traditionelles Direktmarketing und zahlreiche Sonderwerbeformen (Sponsoring, Events, Promotions) bis hin zu Guerilla-Methoden, die sich aufgrund ihrer Ausgefallenheit keinem Standardraster unterwerfen.

Heute ist eine gewaltige Umverteilung der Investitionen von Einwegkommunikation hin zu dialogorientierten Disziplinen zu beobachten. Diese Entwicklung wird sich weiter verstärken. Fast alle Kommunikationsformen sind sowohl offline als auch online verfügbar – und kämpfen um die Gunst der Zielgruppe. Der Kunde gibt dabei das Tempo und die Marschrichtung vor. Wer als Unternehmen mithalten möchte kommt ohne die richtigen Antennen nicht mehr aus.

Guido Alt und Sascha Schulz

Online braucht Offline – Wie Crossmedia-Marketing in der Praxis funktioniert

Martin Wider und Carsten Jung

Eine Marke über die traditionellen Medien einheitlich zu führen ist eine echte Herausforderung an Agentur und Kunde. Kommt dann noch das Internet dazu, heißt es Crossmedia und wird richtig kompliziert. Denn dann geht er los, der unternehmensinterne Kampf um Zuständigkeiten und Zugriffsmöglichkeiten: Gehört das Internet dem Vertrieb, weil ein Shop-System auf der Website integriert ist? Ist es ein Direktmarketing-Tool, weil Interessenten-Adressen generiert und Permission-Marketing betrieben werden kann? Ist Internet Sache der Unternehmenskommunikation, weil die Website Informationen zu Unternehmen und Produkten präsentiert? Oder ist es nur ein weiteres Medium, weil die TV-Spots jetzt per Streaming-Media auch online zu sehen sind? Internet in seiner gesamten Bandbreite ist alles und kann alles. Und genau das macht Crossmedia-Strategien auch so spannend. Zwei Case-Studies sollen hier Möglichkeiten aufzeigen. Zwei Case-Studies, wie sie unterschiedlicher nicht sein können. Die B2C-Kampagne für Entrium Direct Bankers AG und die B2B-Kampagne für Viag Interkom Business.

Ein Beispiel: Crossmedia-Marketing für Entrium Direct Bankers AG

Die Entrium Direct Bankers AG ist Deutschlands meistgewählte Direktbank. Gegründet 1990 unter dem Namen Quelle Bank, änderte sie 1999 den Namen und ging an die Börse. Seit Ende 2000 gehört sie zum italienischen Geldinstitut Bipop-Carire. Rund 900 000 Kunden führen derzeit bei Entrium Konten via Telefon oder Online, nehmen Kredite auf oder betätigen sich als Broker. Ein konsequenter Auftritt hat seinen Teil dazu beigetragen, dass die Zahl der Kunden innerhalb der letzten vier Jahre um über 400 000 gestiegen ist – eine Leistung, die keine andere deutsche Direktbank nachweisen kann.

Die Kommunikationsstrategie von Entrium: Eine Direktbank wirbt direkt mit Mailings, Anzeigen, Beilegern, TV- und Radio-Spots. Integriert in alle Maßnahmen sind ein qualifiziertes Call-Center und ein funktionaler Internetauftritt. Alle Maßnahmen sind auf direkten Response getrimmt, schließlich lebt eine Direktbank davon, dass potenzielle Kunden sich sofort bei ihr melden. So zielten selbst die Werbemaßnahmen zum IPO im Jahr 1999 nicht nur darauf, den Namenswechsel und den Börsengang publik zu machen, sondern waren zugleich darauf ausgelegt, neue Kunden – in diesem Fall speziell für Online-Broking – zu gewinnen. Das Ergebnis dieser Kampagne waren 40.000 neue Broking-Kunden innerhalb von nur 6 Wochen.

Entrium scheint auf den ersten Blick keinen konsistenten Markenauftritt zu haben: vierfarbige Mailing-Folder mit wenig Text, die auf dem Titelblatt nur ein sachliches Key-Visual zeigen (nämlich Geld); schwarzweiß Anzeigen mit extremer Longcopy; emotionale TV-Spots mit echten Kunden; ein funktionaler Internet-Auftritt ohne Gimmicks. Von integrierter Kommunikation scheinbar keine Spur: kein Key-Visual, keine einheitliche Hausfarbe, keine Brand-Signals die sich durch alle Werbemittel ziehen. Die einzigen Konstanten sind Logo und Typografie. Und eine große Markenbotschaft, die hinter allem steht. Eine Big Idea, die die kommunikative Klammer bildet, die über alle Medien hinweg ein typisches Entrium Gefühl vermittelt.

Martin Wider und Carsten Jung

Die Klarheit des Layouts im Print bzw. des Bildaufbaus im Film hinterlässt den Eindruck, bei Entrium ist alles einfach: die Bank macht ein klares Angebot, darauf kann man klar reagieren. Und es wird reagiert, was wieder einmal zeigt, dass gerade in Geldsachen Klarheit oberstes Gebot ist.

Werfen wir einen kurzen Blick auf die einzelnen Medien und die Art, wie sie arbeiten, um dann zu untersuchen, wie sie aufeinander aufbauend zusammenwirken, sich gegenseitig verstärken und mit dem Online-Auftritt verzahnt sind.

Die Anzeigen

„So kaufen Sie Ihr Auto besonders günstig" (Auto-Kredit), „Ärgern Sie sich auch über die niedrigen Zinsen auf Ihrem Sparbuch?" (Tagesgeld-Konto, 650.000 Kontoinhaber, meistgewählte Tagesgeldkonto in Deutschland), „Online gibt es mehr Zinsen" (Online-Tagesgeldkonto), „Sie möchten Ihre Wertpapiere selbst handeln? Wir helfen Ihnen dabei." (Online-Broking). Das sind ein paar Headlines der Anzeigen, die sofort auf den wichtigen Punkt kommen: mein Geld. Farbe, Lifestyle, Bilder lachender Familien, Prestigeobjekte – alles überflüssig. Eine Bank arbeitet mit Geld. Und macht mehr daraus. Das ist ihr Job, das erwartet der Kunde. Für alles andere sorgt er dann schon selbst. Also konzentrieren wir uns auf das Geld. Mehr Zinsen bekommen, mehr dafür kaufen, mehr daraus machen. Eine Longcopy erklärt, wie es geht. Subheads loben die einzelnen Vorteile des Produktes aus. Der Zinssatz steht hervorgehoben in einem eigenen Kasten. Das Bild ist in der Regel ein Bündel Geldscheine. Am Fuß der Seite steht groß die Internet-Adresse und die Telefonnummer, das Logo und ein Antwort-Coupon mit der Handlungsaufforderung: Ruf mich an, geh ins Netz, schick den Coupon.

Der Trick dabei ist die Textmenge. Copytests für ein Produkt dieser Bank haben gezeigt: Kurze Copy führt zwar zu höherem, lange Copy zu weniger Response. Aber: Die Umwandlungsquote der Reagierer ist bei der Longcopy-Anzeige wesentlich höher. Die Beschäftigung mit einem langen Text führt offensichtlich dazu, dass die Entscheidung für ein Produkt bereits in diesem Stadium getroffen wird. Alles, was der Interessent anschließend an Informationen bekommt, wird von ihm nur dazu verwendet, die bereits getroffene Entscheidung zu stützen. Seine Haltung nach Lektüre ist eine affirmative: Eine gute Sache, will ich haben, mal sehen, wie die Details sind, wo muss ich unterschreiben? Die kurze Copy dagegen weckt nur seine Neugier, aber sie führt keine Entscheidung herbei. Die Informationen, die der Interessent auf seinen Response hin bekommt, setzen deshalb im Grunde wieder bei Null an. Der Interessent nimmt sie auf, als ob er die Anzeige nie gesehen hätte. Und erst anschließend trifft er seine Entscheidung. Seine Haltung gegenüber den Zusatzinformationen ist eine kritische: Da soll ich unterschreiben? Na, erst mal sehen, worum es überhaupt geht.

Der lange Text und das Schwarzweiß der Anzeige unterstützen auch den Eindruck, dass es hier um Fakten geht, um Information. Obwohl der Look nie verleugnet, dass es sich um Werbung handelt. Kurze Texte und viel Farbe dagegen fallen dagegen gleich in die Schublade: Achtung, Werbung, die wollen mich über den Tisch ziehen. Und gerade das will eine Bank natürlich nicht vermitteln.

Das Interessenten-Mailing

Wenn der Interessent Kontakt zu Entrium aufnimmt, bekommt er ein Angebotspaket zugeschickt. Das besteht aus persönlichem Anschreiben, einem Informationsflyer speziell zu dem Angebot, das ihn interessiert, Vertragsformularen und einem portofreiem Rückumschlag. Diese Unterlagen sind farbig. Aber auch sie zeichnen sich wieder durch extreme Übersichtlichkeit aus: ein Key-Visual auf der Titelseite des Flyers, Headline, ggf. Störer, weißer Fonds. Nichts, was ablenkt, sondern Konzentration auf das Wesentliche. Die Innenseiten sind entsprechend: eine Headline pro Doppelseite, spaltenweise locker gegliederter Text, eine Baseline mit Handlungsaufforderung, dazu ein

Martin Wider und Carsten Jung

Stimmungsbild und ggf. kleinere, erklärende Illustrationen. Der Eindruck: Hier wird kurz und gehaltvoll informiert. Doch die Emotion und die Handlungsaufforderung hat genauso ihren Platz. Denn Informationen informieren, Emotionen verkaufen. Emotion besteht in diesem Fall aber aus zwei Komponenten: Zum einem aus dem Gefühl der Seriösität und Sicherheit, die vom Bankgeschäft erwartet werden. Zum anderen aus der Emotion, die Geldgewinn von sich aus mit sich bringt. Dazu die Klarheit und Serviceorientierung, die Markenzeichen von Entrium sind. Fast unnötig zu sagen, dass die Vertragsformulare (der Horror des Finanzgeschäfts) klar und übersichtlich aufgebaut sind und dass das Ausfüllen Schritt für Schritt dem Interessenten so einfach wie möglich gemacht wird. Schließlich schickt der Neukunde die ausgefüllten Formulare in dem beiliegenden Rückumschlag an Entrium. Natürlich kostenlos, denn es heißt auch hier wieder: Es dem Kunden so einfach wie möglich machen.

Der TV-Spot

Die Story. Überraschung: Es gibt keine Story. Wir sehen den Helden des Films in einer Folge von Einstellungen, die keine lineare Geschichte ergeben. Paul M., ein 84-jähriger, bei seinen alltäglichen Verrichtungen im Haus, im Garten, seine Blumen gießend, Rasenschach spielend, sich die Krawatte bindend, beim Tauchen, beim Waldlauf, vor dem Computer. Dazu erzählt seine Stimme aus dem Off, wie er in seinem Alter zum Online-Broking gekommen ist und wie leicht das mit Entrium geht. Abschließend fordert ein anderer Off-Sprecher den Zuschauer auf, Entrium anzurufen oder auf die Homepage zu gehen. So gesehen, passiert hier gar nichts Aufregendes. Was macht den Spot aber dennoch so besonders?

Der Held Paul M. ist kein Modell, sondern ein wirklicher Kunde der Bank. Schon dies hebt den Spot aus der Masse der Tun-wir-mal-so-als-ob-Werbung heraus. Darüber hinaus gehört Paul M. einer besonderen Altersgruppe an. Er ist 84 Jahre alt. Also kein gelecktes, ewig junges Modell, sondern ein älterer Herr, noch rüstig, Hobbytaucher, aber doch erkennbar in einem Alter, in dem man nicht mehr alles machen kann. Was soll diese Besetzung? Ist das Produkt etwa nur für die Zielgruppe mit den silbergrauen Haaren gedacht? Im Gegenteil. Online-Broking ist etwas für jeden Erwachsenen. Dem Zuschauer wird mit dieser Besetzung vermittelt: Wenn sogar der alte Herr Online-Broking lernen kann, dann kann ich es erst recht. Diese Schlussfolgerung gilt für alle Altersgruppen der Erwachsenen und für alle ist das Produkt schließlich auch gedacht.

Paul M., seit 8 Jahren Entrium Kunde, Hobbytaucher

Abbildung 1: Werbe-Spot für Entrium

Die Bildebene. Die Bilder des Alltags spiegeln den Entrium-Stil wider: wenige Elemente im Bild, klare Linien, nichts Überflüssiges. Doch dann wird es medienspezifisch: Die Bilder sind hart geschnitten, kurze Einstellungen wechseln einander rasch ab. Das Einzige, was sie verbindet, ist Musik und Text. Die Bildfolge selbst erzählt keine durchgehende Geschichte, die Bilder stehen kaleidoskopartig unverbunden nebeneinander.

Die Tonebene. Zusammengehalten wird diese Bildfolge von Paul M.s Stimme, die dem Zuschauer aus dem Off erzählt, wie er zum Online-Banking gekommen und wie einfach es ist. Die Originalstimme des Originalkunden ist authentisch: angenehm, aber offenkundig nicht die eines Profis. Ein Mensch wie du und ich. Das stärkt die Glaubwürdigkeit. Eine durchgehende, entspannende Musik vermittelt: Alles ist einfach, alles wird gut.

Martin Wider und Carsten Jung

Die Ausstrahlung des Spots gewann nicht nur viele Neukunden, sondern begeisterte auch die Bestandskunden. Natürlich stützt der Spot ihre länger zurückliegende Entscheidung erneut, und es ist immer ein schönes Gefühl, die „eigene" Bank auch im Fernsehen zu sehen. In diesem Sinne nutzte Entrium den TV-Spot auch in der Regelkommunikation mit Bestandskunden. Diese erhalten mit ihren monatlichen Kontoauszügen auch einen Newsletter; in einem von ihnen wurde prominent über die Dreharbeiten berichtet. Ein Kunde wirbt für uns im Fernsehen, da waren alle Kunden begeistert. Auf diese Begeisterung wurde dann ein gesondertes Mailing gesetzt, mit dem ein Wettbewerb um einen Auftritt als Hauptdarsteller im nächsten Werbespot begann.

Abbildung 2: TV-Spot, Anzeige, Broschüre und Vertragsunterlagen

Die Homepage

Alle Wege führen auf Entriums Homepage. Zumindest für die, die Online-Banking betreiben. Alle anderen wickeln ihre Bankgeschäfte per Telefon ab. Die Homepage von Entrium ist streng nutzerorientiert. Keine Image-Show, keine Spielereien. Hier geht es ums Geschäft. Das Geschäft, das der Kunde auf dieser Site selbst tätigt. Wieder treffen wir die bekannten Gestaltungselemente: Logo, weißer Fond, übersichtlicher Text, klares dreispaltiges Layout (links die Links, in der Mitte Text, rechts die Aktienkurse), nichts Überflüssiges. Sogar die Key-Visuals sind verschwunden, es gibt nur noch klärende Illustrationen im Text. Ganz klar: Hier wird informiert, hier ist der aufgeräumte Arbeitsplatz des Kunden.

Da aber alle anderen Medien eine Handlungsaufforderung beinhalten, die immer auch auf die Webadresse angibt, kann man auf dieser Website nicht nur seine Bankgeschäfte abwickeln, sondern sich auch über die einzelnen Produkte informieren. Das ändert aber nichts am Seitenaufbau, es gibt keinen Bruch zwischen Info-Seiten und Geschäftsseiten.

Crossmedia für Entrium: Das Internet als Arbeitsplatz

Eine Direktbank ist für den Kunden ein virtuelles Unternehmen. Er kann nicht in eine Filiale gehen, er kann nur entfernt Kontakt aufnehmen. Was ist das Unternehmen für ihn? Eine Stimme am Telefon, eine Bildschirmoberfläche. Vielleicht ist es deshalb so wichtig, dass der Kunde auch Post von diesem virtuellen Unternehmen bekommt, etwas Wirkliches, etwas Greifbares. Der persönliche Brief führt ihn dann aber, genau wie Anzeigen, Beileger etc., wieder ans Telefon oder auf die Internetseite. Die Internetseite ist Produkt- und Markenerlebnis, ist Arbeitsplatz und Informationsquelle der Online-Kunden. Doch auch diese streng funktionale Site folgt dem Brandframe, dem alle Werbemittel von Entrium folgen: Einfachheit, Klarheit, Typo, Logo. So wird das typische Entrium Gefühl über alle Medien erzeugt.

Martin Wider und Carsten Jung

Der Vergleich: Crossmedia-Marketing für Viag Interkom Business

Viag Interkom ist Deutschlands viertgrößte Telekommunikationsgesellschaft. Seit 1995 ist sie auch im Geschäftskundensegment tätig. Der Schwerpunkt der Aktivitäten lag über Jahre im Privatkundensektor und Viag Interkom wurde für den Konsumenten zum Synonym für Telekommunikation. Eine entsprechende Position sollte im Jahr 2000 im Geschäftskundenmarkt erobert werden.

Die integrierte, crossmediale Werbestrategie diente sowohl der Steigerung der Bekanntheit des Firmenkunden-Angebotes als auch der Interessentengewinnung. Die Medien: Anzeigen, Internet, Mailings. Und zwar genau in dieser Reihenfolge.

Im Vergleich zum Entrium-Auftritt fällt sofort auf, dass hier *ein* Look über alle Medien gezogen wird: ein dynamisiertes Blau als Fond und eine Bühne, auf der der Großteil des Bildes ruht. Natürlich ist auch hier das Logo überall zu sehen und es wird eine durchgehende Typo verwendet. Die Frage nach schwarzweiß oder Farbe stellt sich nicht. Hier ist die Farbe ein wesentlicher Bestandteil des Markenbildes. Das dynamisierte Blau wurde aus der Viag Interkom Hausfarbe entwickelt; es schlägt die Brücke zur Dachmarke und hebt das Business deutlich vom Consumer-Angebot ab. Wie Yello mit knalligem Gelb und e-on mit pulsierendem Rot, so wurde Viag Interkom Business mit einem dynamisierten Blau, das Geschwindigkeit und Verlässlichkeit zugleich ausdrückt, neu positioniert.

Bei Viag Interkom Business und bei Entrium steht das Internet im Zentrum des Geschehens. Doch hat es in den beiden Fällen eine völlig unterschiedliche Funktion. Die Internetsite der Direktbank ist Arbeitsplatz des Kunden. Auf der Site von Viag Interkom dagegen wird nicht gearbeitet. Hier wird Stimmung gemacht. Zuerst mit einem Flash-basiertem Brand-Movie, das dem Interessenten die Welt von Viag Interkom eröffnet; anschließend mit HTML-Seiten, die präzise Informationen kurz und ansprechend aufbereiten. Alles läuft auf eine

Formularseite hinaus, mit der der Interessent detailliertere Informationen per Post bestellen kann. Wenn das das Ziel ist, wozu dann der Aufwand?

Wegen der Zielgruppe. Zielgruppe der Direktbank ist jeder Erwachsene, der mehr aus seinem Geld machen oder einen Kredit aufnehmen möchte. Die Strategie beinhaltet Anzeigen, die beim Leser direkt zu einer Entscheidung für das jeweilige Produkt und zur Abforderung der Vertragsunterlagen führen. Gestützt von Mailings. Mit Call-Center und Internetsite als Arbeitsmedien. Zielgruppe des Telekommunikationsanbieters sind Telekommunikations- und IT-Entscheider in mittelständischen und Großunternehmen. Diese vergleichsweise kleine Gruppe zeichnet sich dadurch aus, dass sie tagtäglich mit dem Computer und im Internet arbeitet.

Die Crossmedia-Strategie

Der Weg zum Kunden verläuft folgendermaßen: Die Direktbank macht Konsumenten mit Anzeigen und TV-Spots auf sich aufmerksam. Der Interessent reagiert darauf mit Anforderung schriftlicher Unterlagen, die er mit der Post zugeschickt bekommt. Nach Abschluss des Vertrages wickelt er seine Bankgeschäfte per Telefon oder auf der Internetseite ab.

Der Telekommunikationsanbieter führt Entscheider mit einer Anzeige direkt ins Internet. Dort findet der Interessent eine geballte Ladung Marke und Informationen. Das Internetangebot führt ihn zur Anforderung schriftlicher Unterlagen, die er ebenfalls mit der Post bekommt. Doch nach Abschluss des Vertrages spielt die Internetseite keine Rolle mehr.

Martin Wider und Carsten Jung

Die Anzeigen

Entsprechend sind die Anzeigen von Viag Interkom konzipert: Die Headline ist eine Internetadresse, dazu eine kurze Copy, Claim, Logo. Und Schluss. Denn einziges Ziel ist, den Interessenten über die Anzeige ins Internet zu führen. Erst hier findet er auf viele Seiten alle Informationen verteilt, die der Entrium-Interessent auf bereits auf einer Anzeigenseite durcharbeitet. Das Brand-Movie auf der Viag-Business-Seite gibt dem Besucher einen Eindruck von der Dynamik des Providers, den kein anderes Medium ihm geben könnte. Das ist medien- und zielgruppenspezifischer Einsatz eines Mediums! Die Anzeige der Bank und der Internetauftritt des Telekommunikationsanbieters münden beide in die gleiche Aktion: der Interessent fordert weitere Informationen und damit die Vertragsunterlagen ab. Und die kommen per Post.

Abbildung 3:   Anzeige Viag Interkom

Das Mailing

Dieser Weg wird auch eingehalten, wenn die Kommunikationsreihe mit einem Mailing startet. Der zweite Schritt nach einem Mailing der Direktbank ist ein zweites Mailing mit spezielleren Informationen und Vertragsunterlagen. Der zweite Schritt nach einem Mailing von Viag Interkom ist: Der Entscheider geht auf die Internetseite. Deshalb sind die Mailings genauso konzipiert wie die Anzeigen. Auch hier ist die Internetadresse die Hauptsache, die der Interessent eingeben soll, um mehr zu erfahren. Um diese Adresse nicht nur groß, sondern auch spannend zu präsentieren, wird sie zweimal angeteased: „13 Monate telefonieren und nur 12 bezahlen" (Titelseite), „Was gibt's dazu noch zu sagen?" (1. Aufklapp), „Das Wichtigste: www.13-fuer-12.de". Der 13-fuer-12-Teil der Kampagne nutzte das Internet darüber hinaus noch auf eine besondere Weise mit einer Closed-User-Group, der den Entscheidern einen besonderen Zugang zu Viag Interkom eröffnet.

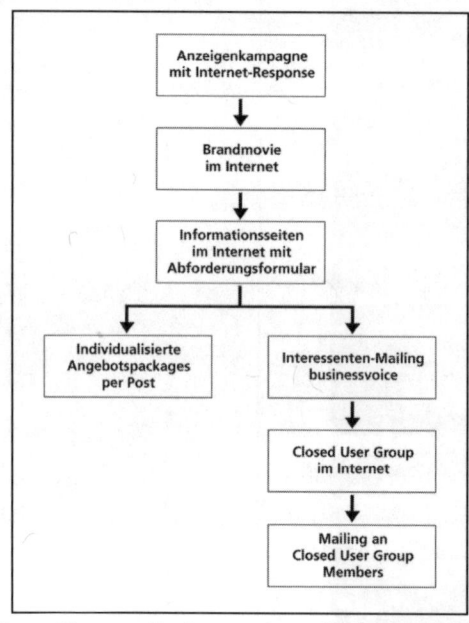

Abbildung 4:   Kommunikationssystematik VIAG Interkom Business

Martin Wider und Carsten Jung

Abbildung 5:
Internet Brand-Movie

Online braucht Offline

Das Kampagnen-Ergebnis

Ergebnis nach einem halben Jahr Kampagne: Die ungestützte Bekanntheit von Viag Interkom Business wurde um über 30 Prozentpunkte auf 79 Prozent gesteigert. Damit gelangte das Telekommunikationsunternehmen unter die ersten drei in Deutschland.

Zwei Crossmedia-Strategien im Vergleich

Die beiden Fallstudien zeigen deutlich, dass es kein Patentrezept für Crossmedia-Marketing gibt. Wie immer steht die Frage nach der Zielgruppe an erster Stelle. Und damit die Frage nach den von ihr bevorzugten Medien. Internetnutzer erreicht man am besten über das Internet. Aber nicht unbedingt im ersten Schritt. Wie das Beispiel Viag Interkom zeigt, ist dafür gezielte Anzeigenschaltung oder auch ein Mailing sehr effektiv. Vorausgesetzt, diese Ansprache führt den potenziellen Interessenten direkt zu dem von ihm bevorzugten Medium Internet. Der Internetnutzer ist andererseits nicht darauf fixiert, alles im Internet zu erledigen. Es schadet gar nicht, wenn er nach dem Besuch der Homepage weitergehende Informationen und Vertragsunterlagen per Post bekommt. Im Gegenteil: Mailings machen das virtuelle Unternehmen real.

Mal haben wir das Internet als Kommunikationsinstrument eingesetzt (Viag Interkom Business), mal als Arbeitsplatz des Kunden (Entrium). Mal war der Internetauftritt in der crossmedialen Kampagne Zwischenschritt, mal war er Zielpunkt. Der Zielpunkt Arbeitsplatz muss aber kein Endpunkt sein. Da er vom Kunden häufig und freiwillig aufgesucht wird, ist er auch ein idealer Ausgangspunkt für Cross-Selling. Dieses darf allerdings nicht werblich daherkommen, denn wer hat schon gern Werbung am Arbeitsplatz? In diesem Umfeld kommen neue Angebote als Information daher; sie erscheinen als Nachricht auf jeder Seite oder werden als E-Mail an den Kunden geschickt.

Martin Wider und Carsten Jung

Ob funktionaler Arbeitsplatz oder emotionaler Brand-Movie, eines wird bei beiden Fallbeispielen deutlich: Online braucht Offline. Und eine crossmediale Vernetzung, die über die technisch funktionale hinausgehen soll braucht eine Kampagnen-Idee, die alle Medien zusammenhält.

Das Ende der Gießkanne – Crossmedia-Mix im Rahmen der Kommunikationspolitik eines Expressfrachtdienstleisters

Markus Wohler

Professionelle Kommunikationspolitik kann im Informationszeitalter zum entscheidenden Wettbewerbsvorteil des eigenen Unternehmens avancieren. Wer die richtigen Informationen am richtigen Ort zur richtigen Zeit zielgruppengerecht platziert, kann nur gewinnen. Der Crossmedia-Mix verknüpft dabei geschickt die unterschiedlichen Formate der Öffentlichkeitsarbeit – ein Praxisbeispiel.

„Ein schnelles Produkt braucht schnelle Kommunikation" – ein griffiger Leitsatz für einen Expressdienstleister und doch weniger als die halbe Wahrheit. Denn mindestens so wichtig wie die Geschwindigkeit, in der Informationen fließen, sind Zielsicherheit und Wahrheitsgehalt. Und vor allem: Glaubwürdige Öffentlichkeitsarbeit ist – bis auf bestimmte Funktionen – nicht delegierbar.

An denkbaren Medien, diese hehren Ansprüche umzusetzen, herrscht kein Mangel – erst recht nicht seit der elektronischen Revolution des Kommunikationswesens. Folge: Die Auswahl des für den jeweiligen Zweck optimalen Mediums ist auf beiden Seiten – der des Senders und des Empfängers – schwieriger geworden. Unverändert bleibt bei aller Vielfalt nur eins: Mitarbeiter, Kunden und Öffentlichkeit wollen nach wie vor informiert sein. Für Unternehmen bietet dies die riesige Chance, unter Einbindung möglichst unterschiedlicher (effizienter)

Kommunikationsformen das Selbstbild und letztlich die eigenen Produkte darzustellen. Die intensive Nutzung des wie auch immer gearteten Mediamixes birgt jedoch auch Gefahren.

Zunächst einmal schlicht die der Überfrachtung. Die Reaktionen auf ein Übermaß von Informationen oder auf immer wiederkehrende Inhalte reichen von Abschalten über Ablehnung bis hin zu Aggression, womit sich gutgemeinte Presse- und Öffentlichkeitsarbeit ins Gegenteil verkehrt hätte.

Daneben steht der Empfänger vor dem Problem, den Wahrheitsgehalt einer Information nicht ohne weiteres überprüfen zu können. Gerade im Internet bergen die extrem kurzen möglichen Reaktionszeiten die Gefahr, dass Informationen ungeprüft weitergegeben und multipliziert werden.

Weiterhin bringt das (Über-)Angebot an Input den Zwang mit sich, außergewöhnlich zu kommunizieren. Will man nicht in der Informationsflut untergehen, gehören herausragende Informationsangebote zur Pflichtaufgabe der Kommunikationsarbeit – auf eine Ebbe zu warten, um sich abzuheben, kann sich kein ambitioniertes Unternehmen leisten.

Schließlich stellt sich das Problem der Qualitätskontrolle und des Feedbacks samt seiner Evaluation. Die Unzulänglichkeit einer rein quantitativen Auswertung ist glücklicherweise allgemein anerkannt – die Methoden zu ihrer Überwindung jedoch noch zu wenig ausgereift und von einer Vielzahl sachfremder Interessen beeinflusst.

Wie Kommunikation und Crossmedia-Arbeit in einem Logistikunternehmen aussehen können, wie in einem konkreten Fall die genannten Widersprüche gelöst und Fallstricke umgangen werden, soll im Folgenden am Beispiel von TNT vorgestellt werden.

In Deutschland zählt TNT zu den Marktführern für nationale und internationale zeitsensible Express- und Logistikdienste, vornehmlich für gewerbliche Kunden, für die Prozessqualität an oberster Stelle steht. Eine wichtige strategische Bedeutung erlangen zunehmend die

Markus Wohler

„Added Values" genannten Mehrwert-Dienstleistungen, die über den reinen Transport hinausgehen. Besonderes Augenmerk liegt zurzeit auf dem Ausbau des Bereichs E-Business. Das Selbstverständnis von TNT basiert auf den drei Schlüsselbegriffen Service, Qualität und Teamarbeit – vermeintliche Marketing-Floskeln, tatsächlich aber täglich weitgehend zu (er)lebende Leitbilder eines High-Quality-Dienstleisters.

Der Platz der Kommunikation: Stabsstelle der Geschäftsführung

Die deutschen Geschäftsbereiche arbeiten unter dem Dach einer Holding weitgehend eigenständig. Die Unternehmenskommunikation ist als Stabsstelle direkt der Geschäftsführung der Holding angegliedert – nach unserer Philosophie eine Konstruktion ohne Alternative. Im Marketing jedenfalls hat die Unternehmenskommunikation nichts zu suchen. Das eine kann zwar Hebelwirkung für das andere entwickeln, beide stehen aber vor jeweils ganz unterschiedlichen Aufgaben.

Ohne unmittelbare Nähe zur Geschäftsführung könnte das Konzept der kurzen Wege – sei es in punkto Abstimmung oder Erreichbarkeiten – nicht funktionieren. Die persönliche Erreichbarkeit des Leiters Unternehmenskommunikation, eine „open door policy" nach innen und außen, stellt die unverzichtbare Voraussetzung dar um die vier Grundsätze unserer Arbeit

– schnelle Verfügbarkeit von Informationen,

– Glaubwürdigkeit der Aussagen,

– zielgruppengerechte Aufbereitung und Distribution sowie

– Kontinuität

Crossmedia-Mix eines Expressfrachtdienstleisters   223 umzusetzen. Dass sich die Affinität zum Expressgeschäft auch auf die Arbeit der Unternehmenskommunikation bezieht, sorgt dafür, dass die internen und externen Erwartungen an diese nochmals wesentlich höher sind als in anderen Branchen.

Als generelle Ausgangslage aller Arbeitsbereiche bei TNT gilt das Image als Qualitätsanbieter. Das Selbstverständnis „Express" muss sich in den Kommunikationsstrukturen ebenso widerspiegeln wie in jeder anderen Tätigkeit. Soll heißen: Der hochwertige Anspruch eines Premiumanbieters gilt auch für die interne und externe Kommunikation. So wie unsere Fahrer einen Auslieferungszeitpunkt exakt einhalten und den Adressaten einer Sendung persönlich antreffen, so gilt auch für die Botschaften, die wir aussenden, die Maxime „zur richtigen Zeit die richtige Zielgruppe mit der richtigen (gewünschten) Information ansprechen".

Crossmedia – zielgerichtet kombinieren statt kreuz und quer kommunizieren

Jedes Medium leistet das, was es am besten kann – diese Kombination von Formaten ist für uns Crossmedia. Eine sinnvolle Verknüpfung der einzelnen Auftritte meint, geschickt die einzelnen Stärken der jeweiligen Medien zu nutzen und auf diese Weise zu einem überzeugenden und neuartigen Gesamtauftritt zusammen-zuführen. Ein gelungener Crossmedia-Mix verknüpft geschickt die unterschiedlichen Formate der Kommunikation. Bei TNT setzt sich dieses Mosaik vor allem zusammen aus Maßnahmen der

- internen Kommunikation

- Presse- und Öffentlichkeitsarbeit

- Kundenveranstaltungen

- innovativen Messepräsenzen

Markus Wohler

– Entwicklung interner Kommunikationskulturen

– des Sponsoring

Allein diese – sogar noch unvollständige – Aufzählung unterstreicht, was bei der Organisationsbeschreibung gemeint war: Die Vorstellung von Kommunikationspolitik als vierte Säule des Marketing-Mix greift erheblich zu kurz.

Kommunikation in Richtung Kunde – tief statt breit

Das vielleicht wichtigste Instrument der Kundenkommunikation besteht darin, Foren für einen informellen Austausch zu schaffen – das kann bei unserem jährlichen TNT-Golf-Event für Top-Kunden und -Management ebenso geschehen wie auf den weiter unten genannten gesponserten Veranstaltungen. Als besonders effizient in diesem Zusammenhang haben sich regionale, kundenindividuelle Round Table-Gespräche erwiesen. Deren Einordnung unter „Kommunikation" mag ungewöhnlich anmuten, stellen sie doch wie manch andere der geschilderten Kundenveranstaltungen eigentlich ein Marketinginstrument dar. Im Verständnis von TNT gehört jedoch auch die Organisation solcher Kontakte zu einer Informationspolitik, die über den Tellerrand der PR-Handbücher hinausschaut. Überzeugendes Kapital ist dabei die Unterstützung durch den Vorsitzenden der Geschäftsführung, der auf Wunsch mit am Tisch sitzt. Die Botschaft „Der Chef kommt" sorgt nicht nur dafür, dass der Kunde sich ernstgenommen fühlt, sie wirkt auch als wichtiges Signal der Unterstützung nach innen.

Auf die Karte „Individualität" setzen auch unsere regional differenzierten Broschüren. Der Kunde erhält keine anonymen Produktinformation, sondern mit dem Namen seines direkten Ansprechpartners personalisierte Folder.

Noch naheliegender erscheint die Produktion eines herkömmlichen Kundenmagazins. TNT verzichtet darauf! Wir müssen nicht deswegen ein Kundenmagazin für Top-Accounts herausbringen, weil fast jeder Wettbewerber dies tut – einziger Anlass dazu wäre der Wunsch unserer Partner. Eine 1999 durchgeführte Befragung ergab jedoch: Nur fünf Prozent der Top-Kunden wünschen sich ein solches Medium. Volle 70 Prozent dagegen sprachen sich für individuelle Workshops, für den direkteren Kontakt mit dem Management aus.

Beispiel: Trend-Workshops

Der Kundenwunsch nach produktbezogener Information führte zur Einrichtung der so genannten Trend-Workshops. Dieses Instrument hilft uns, im heutigen Nachfrager-Markt die Vorstellungen der Kunden unmittelbar zu erfassen und immer neue, bessere und schnellere Lösungen zu entwickeln. Unter der Beteiligung von externen Spezialisten – die wertvollen Input aus neutraler Warte liefern – erarbeiten Kunde und Dienstleister gemeinsam Ideen und Konzepte für spezielle logistische Erfordernisse. Daraus entstehen dann maßgeschneiderte Produkte sowie die Konzepte zu ihrer Implementierung.

Abbildung 1:   Ansprache des ehemaligen Außenministers
                 Hans-Dietrich Genscher

Ebenfalls nach der Philosophie des direkten Kontakts funktioniert das jährliche Kundenforum: Vertreter einzelner Key Accounts schildern – auch durchaus kritisch – ihre Zusammenarbeit mit TNT und diskutieren mit dem anwesenden Management. Besonders geschätzt ist die Veranstaltung auch wegen der hochkarätigen Gastredner, wie Späth, Genscher oder Weizsäcker. Alle Teilnehmer erhalten wenige Tage später Videos der Veranstaltung, in denen auch die kritischen Fragen nicht ausgespart wurden. Sowohl Trend-Workshop als auch Kundenforum beweisen: In der Kommunikation mit dem Kunden entscheidet nicht Masse, sondern Individualität und Kreativität.

Einfallsreichtum legt TNT zudem traditionell auf Messen an den Tag: Das Zusammentreffen mit Kunden, Branchenvertretern und anderen Meinungsbildnern wird strukturiert und aufgewertet durch zahlreiche Podiumsdiskussionen. Beispiel: die Münchner Branchenleitmesse „transport logistics". Weit im Vorfeld informierten wir Kunden in mehreren nach Zielbranchen gestaffelten Mailings über das geplante Programm an den fünf Messetagen – das wir detailliert im Voraus festgelegt hatten. Durch die intensive Vorab-Kommunikation gelang es, deutlich mehr Interessenten anzuziehen und diese weit gezielter zu informieren als sonst auf Großveranstaltungen möglich.

Abbildung 2: ExpressTicker

Beispiel: „Express Ticker"

Als Highlight der Messekommunikation darf ein Medium gelten, das den Namen „Express" nicht nur trägt, sondern auch würdigt: ein zweimal täglich erscheinender Vierseiter als wichtiger Bestandteil des Messeauftritts. Bis auf das Titelthema – den jeweiligen Kunden auf dem Podium – vorproduziert, während der Diskussion mit digitalen Fotos und markanten Statements angereichert, wurde das Info-Magazin jeweils unmittelbar nach Abschluss der Veranstaltung vierfarbig ausgeprintet und verteilt. Effekt: Die Diskussionsteilnehmer kommen vom Podium herunter und halten die Zeitung in Händen – komplett mit ihrem Bild und ihren Zitaten. Echo: begeistert. Fazit: nicht Umfang oder Hochglanzeffekt entscheiden über den Erfolg eines Mediums, sondern wie zielgerichtet, schnell und knackig es konzipiert und produziert ist.

Zu den zahlreichen weiteren Aktivitäten der Unternehmenskommunikation – und in der Gesamtzahl von rund 30 Veranstaltungen pro Jahr nicht einmal berücksichtigt – gehören zum Beispiel Besichtigungstouren in den großen Umschlaganlagen Lüttich oder Wiesbaden, bei denen die Kunden regelmäßig die Abläufe sehen und verstehen können, um so ein Gefühl für die Leistung hinter der Lieferung zu entwickeln.

Sponsoring – Tue Gutes und akquiriere darüber

Kaum eine Sponsoring-Maßnahme erfolgt selbstlos, doch nur wenige besitzen eine so hintergründige Umwegrentabilität wie der von TNT und einem Consulting-Partner ins Leben gerufene Hochschulförderpreis Logistik, der anlässlich der „transport logistic 2001" am 18. Mai in München verliehen wurde: Er bringt Nutzen, der weit über eine bloße Imagewirkung hinausgeht, da viele der im Wettbewerb erfolgreichen Studenten gleichzeitig in die TNT-„Familie" einge-

Markus Wohler

bunden werden können. So erfolgen nach Vergabe des Awards Workshops mit allen Gewinnern, eine Preisträgerin nimmt ein Praktikum im Unternehmen auf. Zudem stellt TNT auf einem eigens initiierten Karriereforum seine Personalentwicklung vor – beides erlaubt eine über das übliche Maß hinausgehende Rekrutierung von High Potentials.

Abbildung 3:   Hochschulförderpreis

Vom Ansatz konventioneller, dafür breitenwirksamer und zu diesem Zeitpunkt absolut notwendig war das so genannte STW-Sponsoring. In den Jahren 1998 und 1999 unterstützte TNT ein Team in der damals höchsten deutschen Motorsportkategorie der Supertouren-wagen. Der Zweck bestand in der Durchsetzung des neuen Corporate Designs, das zu diesem Zeitpunkt auch per TV-Spot und anderen reichweitenstarken Formaten durchgesetzt wurde. Nach Abschluss dieser Kampagne verschwand das Logo mit den drei Kreisen wieder von der Rennpiste und Bildschirm. Zwar spricht einiges für die Verbindung Express/Rennsport. Die Einstellung erfolgte jedoch konsequent, da das Engagement hohe Streuverluste aufwies und der Endverbraucher-Markt für TNT keine Priorität genießt.

Abbildung 4:   Jugendmannschaft Golf

Derzeit unterstützt TNT Sportler – auch aus den Reihen der eigenen Mitarbeiter auf kleinerer Basis. So etwa den Leichtathleten Maximilian Bahn, Student und Praktikant bei TNT, dazu Teams im Jugendgolf, Kanu- oder Bobsport. Sie verkörpern glaubwürdig und sympathisch die TNT-Werte Zielstrebigkeit, Teamgeist und Schnelligkeit. Auch diese Affinität nutzen wir crossmedial: Die Fotomotive der Sportler tauchen immer wieder in TNT-Broschüren und auch Videos auf, wo sie durch ihre Dynamik die Unternehmens-darstellung unterstützen.

Noch nach Jahren spektakulär zeigt sich ein dezentes, aber äußerst wirkungsvolles Sponsoring der besonderen Art: In der ZDF-Sendung „Wetten, dass ...“ erzielte ein Motorradfahrer vor 18 Millionen Zuschauern mit einem Satz von einer Skiflugschanze einen Weitsprung-Weltrekord für Motorräder – ausgestattet mit den unübersehbaren orangefarbenen Logos. Erst kürzlich wählten Fernseh-Zuschauer den erneut ausgestrahlten Stunt auf den dritten Platz einer ewigen Hitliste der TV-Wetten.

Markus Wohler

Fernseh-Zuschauer den erneut ausgestrahlten Stunt auf den dritten Platz einer ewigen Hitliste der TV-Wetten.

Beispiel: Europäischer Filmpreis

Ein hochwertiges Ambiente und einen ebensolchen Kundenkreis sowie die ideale Bühne zur Darstellung von Speed – nicht auf der Leinwand, sondern auf der Straße – bietet die Verleihung des Europäischen Filmpreises. TNT fungiert seit mehreren Jahren als offizieller und exklusiver Carrier der Film-Kunstwerke. Außerdem bietet das Publikums-Voting unter der Internetadresse www.tnt.com einen attraktiven Anlass zum Besuch der Websites.

Weiteres Sponsoring – im Sinne eines kontinuierlichen Auftritts meist über Jahre – erfolgt unter anderem durch Unterstützung des Reitturniers „TNT-Cup" in Köln-Weidenpesch, das Reitturnier in Löbnitz bei Leipzig, das Tennis-Turnier „Gerry Weber Open" in Halle/W. sowie in kleinerem Maß beim Hamburger Hafenfest oder der Kieler Woche. Oft sind die Niederlassungen oder Regionen für Betreuung solcher Events verantwortlich. Damit ergibt sich ein weiterer Aspekt: Aufgabe der Unternehmenskommunikation in der Zentrale ist es, die Souveränität der dezentralen Organisation zu wahren – sprich: die Eigeninitiative der Niederlassungen zu unterstützen, ohne sich operativ einzumischen – und zugleich durch ein standardisiertes Abstimmungsprocedere das einheitliche Erscheinungsbild bei sämtlichen Aktionen zu sichern.

Auch wenn die schiere Menge der Engagements auf den ersten Blick anderes vermittelt: Das Gesamtkonzept im Sponsoring lautet nicht „Veranstalten nach dem Gießkannenprinzip". Tatsächlich kosten die beschriebenen Aktivitäten nicht übermäßig viel Geld, stehen aber durchgehend für gezielten Einsatz, da sie exakt die Interessen der Kunden treffen.

Externe Kommunikation – Nur der Nutzwert zählt

Die Presse- und Öffentlichkeitsarbeit als wichtigster Bestandteil der externen Kommunikation erfolgt nach zwei Grundprinzipien: kontinuierlich und journalistengerecht. Dabei setzen wir auf eine Doppelstrategie. Zum einen die Medienpräsenz mit konkreten Produkten und Lösungen, auf der anderen Seite die Positionierung des deutschen Geschäftsführungsvorsitzenden und seiner Geschäftsführer zu unternehmensstrategischen Fragen oder Aspekten, die die gesamte Branche betreffen sowie flankierende Platzierung der Bereichs- und Niederlassungsleiter in den Fachmedien.

Fachbeiträge und Case-Studies

Stoßrichtung eins: Professionell recherchierte und geschriebene, redaktionell verwertbare Fachbeiträge, in denen bestehende, erfolgreiche, gemeinsam mit dem Kunden erarbeitete Lösungen oder innovative Produkte praxisnah vorgestellt werden. Im Sinne einer seriösen Zuarbeit und um sich langfristig als Partner der Medien zu etablieren, vermeiden die Fachautoren jeden werblichen Touch. Platzierungen lassen sich nur erreichen, wenn das betreffende Medium in dem angebotenen Beitrag einen Nutzwert für seine Leser erkennt – immerhin steht es nicht uns, sondern seinen Lesern gegenüber in der Verantwortung.

Zweck der angestrebten Veröffentlichungen in Fachmedien oder der Wirtschaftspresse ist es, wichtige Kundenkreise zu informieren. Da wir letztlich die Akquise von Neukunden anstreben, wird auch bei spezielleren Themen die Übertragbarkeit zum Beispiel auf andere Branchen berücksichtigt.

Der Input für die Fallbeispiele stammt von Key Accountern, die eng in die Öffentlichkeitsarbeit eingebunden sind und vor jedem Recherchegespräch im Sinne einer prägnanten Botschaft gebrieft werden. Oft genug treten sie selber mit dem Wunsch nach

Markus Wohler

Pressepräsenz für ihren Geschäftsbereich an die Unternehmens-kommunikation heran. Teils können tragfähige Fachthemen aus den bei Kundenveranstaltungen oder Podiumsdiskussionen ange-sprochenen Projekten generiert werden. Die fertigen Fachbeiträge wiederum kommen nicht nur in der externen Presse zum Einsatz: Angedacht ist ein kurzer Kundeninfodienst nach dem Vorbild des beschriebenen „Express Tickers" – knapp, übersichtlich, kosten-günstig.

Aufbau von Meinungsbildnerschaft

Zweites Standbein unserer Pressestrategie: die Positionierung des Vorsitzenden der Geschäftsführung als Meinungsbildner der Branche. Dies geschieht anlässlich neuer Großprojekte oder anderer strategisch bedeutsamer Ereignisse – wie zuletzt die Eröffnung eines neuen Distributionszentrums oder des TNT-eigenen Fortbildungsinstituts.

Für den Leiter Unternehmenskommunikation bzw. den von ihm beauftragten „Spin Doctor" lautet der Auftrag: das Thema so aufbereiten, dass die Presse „anbeißt". Dabei hilft uns sicher der Ruf, dass wir uns gerne auch mal an unserem größten Wettbewerber reiben und oft genug mit pointierten Aussagen aufwarten. Natürlich erfordert ein Hintergrundgespräch mit dem TNT-Chef und/oder seinen Geschäftsführern die persönliche Begleitung durch den Kommunikationsexperten, um Hintergrundinformationen zu liefern sowie bei späteren Nachfragen bzw. für Zusatzinfos zur Verfügung zu stehen.

Ergänzt werden diese beiden Kommunikationsschienen von Standards wie Aussendung von Pressemitteilungen, kontinuierliche Medienbeobachtung sowie der Ausbau des Internets als Kom-munikationsplattform vornehmlich für Kunden und Journalisten.

Abbildung 5:   TNT Pressespiegel

Beispiel: Erfolgskontrolle

Die Messung der eigenen Erfolge – oder Misserfolge – gehört nach wie vor zu den am wenigsten entwickelten Fähigkeiten der PR-Arbeit. Grundsätzlich gilt: Die Bewertung der eigenen Arbeit sollte nicht als notwendiges Übel hingenommen, sondern als Chance genutzt werden, die Presse- und Öffentlichkeitsarbeit weiterzuentwickeln. Und wer, wenn nicht Multiplikatoren und deren Leser könnten unserer Arbeit besser den Spiegel vorhalten? Im Gegensatz zu den früher üblichen Fragebögen ermittelt TNT relevante Bewertungen heute in Journalisten-befragungen mit offenen Kategorien oder gar völlig informell im direkten Gespräch. Erfasst werden solch „harte" Faktoren wie Erreichbarkeit der Pressestelle oder eine Bewertung der Kontakte und des zur Verfügung gestellten Materials. Das Gesamturteil fällen aber die „weichen" Werte: Wie entwickeln sich bestimmte Themen über die Zeit, wie differenziert sieht der

Markus Wohler

Journalist das Unternehmen, wie viel Know-how besitzt er über TNT?

Eher klassisch die zweite Variante, eine qualitative Auswertung nach vergleichbaren Kriterien. Die weltweite „Media Evaluation" – durchgeführt von der internationalen Muttergesellschaft – erfasst nicht nur Auflagen, sie wertet auch aus nach Inhalten und Neutralität der Artikel, Herkunft der Informationen (externe Quelle, proaktiv informiert oder selbst gesteuert) und dem Leserprofil des betreffenden Mediums.

Außerdem: Auch intern ist der Erfolg der Öffentlichkeitsarbeit messbar. Nämlich an der Bereitschaft der Bereichsleiter, als Autoren zur Verfügung zu stehen sowie daran, Pressearbeit nicht aus purer Notwendigkeit, sondern mit Spaß mitzugestalten.

Eine der besten Möglichkeit der Qualitätskontrolle bietet eine Beobachtung des Interesses der Journalisten an Besichtigungen, Gesprächen, Veranstaltungen etc. Maßstab: Je höher, desto besser. Schließlich bieten persönliche Kontakte die beste Möglichkeit, der Kernfrage nachzugehen „Wie konkret nehmen Journalisten das Gesicht von TNT wahr?" Zugleich ergibt sich bei Einladungen zu Round-Table-Gesprächen, Vortragsreihen oder gar internen Veranstaltungen wie Kundenforen die beste Gelegenheit, das Fremdimage zu erfassen und gegebenenfalls zu korrigieren.

Förderung der dezentralen Öffentlichkeitsarbeit

Damit auch die Niederlassungen in der Fläche ihre Scheu vor PR-Jobs verlieren, ihre Möglichkeiten ausschöpfen und vor Fehlern bewahrt bleiben, entwarf TNT kürzlich einen Leitfaden der Kommunikation sowie ein Handbuch für lokale und regionale Pressearbeit. Die ersten Erfolge in Form selbst organisierter Pressegespräche mit örtlichem Fokus zeichnen sich ab. Potenzieller Stolperstein bleiben dabei die dezentralen Strukturen. Grundsätzlich gilt: So wenig Kontrolle wie möglich, aber so viel wie nötig. Denn der ausgereifte Abstimmungsprozess von Auftritt und Aussagen ist gerade bei einem sensiblen, weil börsennotierten Unternehmen ein Knackpunkt.

Abbildung 6: Clippings zu „Ein Tag im Chefsessel"

Beispiel: „Ein Tag im Chefsessel"

Eine gelungene Aktion mit großem regionalen Medieninteresse war „Ein Tag im Chefsessel". Als Siegprämie in einem Wirtschaftswettbewerb für Schüler hievte TNT einen 14-Jährigen für einen Tag in die Position eines Niederlassungsleiters – für die regionalen Tageszeitungen ein perfektes Reportage-Thema. Auf diese Weise gelangte das Unternehmen nicht nur im sympathischen Kontext in die Schlagzeilen. Zugleich erhielten die zuvor wenig Logistik-interessierten Lokaljournalisten und ihre Leser aufschlussreiche Einblicke in jenen Teil des Expressgeschäfts, der meist hinter verschlossenen Türen stattfindet.

Markus Wohler

Gleich im dreifachen Sinne medienwirksam und vorbildlich für Pressearbeit auf regionaler Ebene waren Vorbereitung und Verwertung eines Besuchs von NRW-Ministerpräsidenten Wolfgang Clement in der Niederlassung Neuss. Aufhänger: Clements Ausbildungsinitiative, die TNT in 2000 durch Schaffung von 135 zusätzlichen Lehrstellen, davon 40 in Nordrhein-Westfalen, unterstützte. Der Effekt war ein dreifacher: Erstens platzierten sich Unternehmen und Niederlassung in der Ortspresse, zweitens konnte TNT sich über die positive Notation „Ausbildung" freuen, drittens gelang durch den hochrangigen Besuch eine generelle Aufwertung des Standortes und – in kleinerem Maße – des Unternehmensimages. Dass die Aktion – durchaus als Empfehlung zur Nachahmung – ihren Weg auch in die internen Medien fand, versteht sich von selbst.

Interne Kommunikation

Analog zu Philosophie der externen Kommunikation steht mit dem Managementtag auch intern eine Veranstaltung zur Pflege der persönlichen Kontakte an erster Stelle. Das Management tauscht sich untereinander aus – gleichzeitig erhält der Chef die Gelegenheit, die Mannschaft neu einzuschwören.

Was sich beim Management bewährt, kann für die Fläche nur richtig sein. In einer mehrwöchigen Roadshow besuchte der Vorsitzende der Geschäftsführung sämtliche Niederlassungen. Im direkten Gespräch wurde motiviert, aufgeklärt, Kritik und Lob registriert. Geplant als Maßnahme zur unternehmensweiten Teambildung, übertraf die Tour selbst optimistische Erwartungen.

Hier das Highlight „Roadshow", dort die kontinuierliche Information: „TNT InTeam" nennt sich der wöchentlich über das Intranet verteilte Newsletter der deutschen TNT-Organisation. Bunt auf weiß gedruckt erscheint zweimonatlich die Mitarbeiterzeitschrift „Newsticker", ergänzt von dem regelmäßig erscheinenden Videomagazin „TNT direkt".

Abbildung 7:   TNT-Mitarbeitermagazine

Warum drei Mitarbeitermagazine?

Nicht nur das Medium und ihr Erscheinungsrhythmus grenzen die internen Infodienste gegeneinander ab. Sie besitzen völlig verschiedene Aufgaben: Der Intranet-Dienst soll ausgesprochen zeitnah über News, Events, Vergünstigungen für Mitarbeiter – eben über alle Bereiche des Tagesgeschäfts informieren. Gezielt spricht das elektronische Magazin nur über den gegenwärtigen Status. Das gedruckte Magazin dagegen berichtet über vieles, was sich rechts und links der täglichen Abläufe abspielt. Nicht Meldungen, sondern Magazingeschichten prägen seinen Inhalt. Ähnlich die Intention des Videos: Es setzt voll auf die visuellen Eindrücke und ist hervorragend geeignet, zum Beispiel Kernbotschaften von Veranstaltungen zu rekapitulieren und nachhaltig zu vermitteln.

Markus Wohler

Nicht selten ist das „wie" wichtiger als das „was" der Kommunikation. Jede mediale Form, jeder Inhalt hat den Respekt vor dem Mitarbeiter zu wahren – auch und gerade bei schlechten Neuigkeiten.

Eine besonders angemessene Form der Vermittlung entwickelten wir mit der so genannten „Fahrercassette". Sie löst das Dilemma, dass unsere in der Zustellung tätigen Vertragspartner für interne Kommunikationsmaßnahmen schwierig zu erreichen sind.

Abbildung 8:   Fahrercassetten

Beispiel: Fahrercassette

TNT Express arbeitet, wie in der Logistikbranche üblich, mit Frachtführern, die den eigentlichen Transport eigenverantwortlich abwickeln. Anders als bei vielen Wettbewerbern bestehen jedoch enge Bindungen an die so genannten Frachtführer – vertragliche und informelle. Ihr Inhalt: CI-Bestimmungen, Tipps für kundengerechtes Verhalten und

Vereinbarungen über die operativen Abläufe. Diese Vertragspartner müssen selbstverständlich ebenfalls kontinuierlich informiert werden. Mit unserer quartalsweise erscheinenden Fahrercassette glauben wir, auch für diese sonst schwierig zu erreichende Gruppe das optimale Medium gefunden zu haben. Eine im Fahrzeug zu hörende Musikcassette enthält ein im Stil einer populären Radio-Magazinsendung gehaltenes Info-Paket: Leicht und locker im Ton verknüpft sie aktuelle Charthits mit News aus dem Unternehmen und weiteren relevanten Inhalten.

Analog zu diesem erfolgreichen Medium befindet sich derzeit eine ähnliche Cassette für den Außendienst in Planung.

Entwicklung einer Kommunikationskultur

Eine spezifische Kommunikationskultur, die sämtliche Maßnahmen prägt, lässt sich entwickeln wie eine Marke. Obwohl sie sich aus unzähligen Mosaiksteinen zusammensetzt, lassen sich auch ihr – wie einem Markenartikel – bestimmte Merkmale zuordnen. Erfolgreich darf sie sich nennen, wenn sich Fremdeinschätzung und Selbstbild der Kommunikation decken. So sehr sich die einzelnen Maßnahmen des Mediamixes in Form, Inhalt und Ausrichtung auch voneinander unterscheiden – die gemeinsamen Nenner der Kultur, für die wir uns entschieden haben, lauten: glaubwürdig, zielgruppengerecht und zeitnah. Und getreu dem Motto „Die fehlende Tat macht den Redner zum Schwätzer" ist auch in der Umsetzung „Express-Tempo" angesagt.

Markus Wohler

Der Herausgeber

Professor Bernd Kracke ist Präsident des Deutschen Direktmarketing Verbandes e. V. (DDV) und Inhaber des Lehrstuhls für Elektronische Medien an der Hochschule für Gestaltung in Offenbach.

Die Autoren

Guido Alt
Vorstandsvorsitzender, caatoosee ag

Dr. Kai Bühler
Vorstandsvorsitzender und CEO, plan_b media ag

Richard Crux
Mitglied des Bereichsvorstands, Deutsche Post AG

Dirk Freytag
Vice President Corporate Communication, ADTECH AG

Carsten Jung
Pressesprecher, Detterbeck, Wider Werbung GmbH & Co. KG

Martin Keller
Geschäftsführer, Keller & Co.

Markus A. Kirner	CEO, ci4.net AG
Christian Kux	Drehbuchautor und Regisseur, Ponton Intelligent Media GmbH & Co. KG
Ingo Lippert	Gründer und CEO, MindMatics AG
Petra Lüftner	Geschäftsführerin und Marketingleiterin, ClientValue GmbH
Jürgen Müller	Leiter New Member Marketing, Bertelsmann AG
Peter Schmandt	Sales Director, J-Point AG
Sascha Schulz	Vertriebsleiter Balicamp Europe, caatoosee ag
Dr. Torsten Schwarz	Inhaber, ABSOLIT Internet-Marketing & Consulting
Martin Wider	Geschäftsführer, Detterbeck, Wider Werbung GmbH & Co. KG
Volker Wiewer	Vorstandsvorsitzender, eCircle AG
Markus Wohler	Leiter Unternehmenskommunikation und Pressesprecher, TNT Holdings (Deutschland) GmbH